원리로 이해하고 그림으로 기억해요!

쑥쑥
급수한자

6급하

JPLUS
Language Publishing Co.

한자의 원리를 배워요

한자는 여섯 가지 방법으로 만들어지는데, 이것을 육서라고 해요. 육서에는 상형, 지사, 회의, 형성, 전주, 가차가 있어요. 육서를 알아 두면 한자가 만들어진 원리를 이해하는 데 도움이 돼요.

1. **상형** : 사물의 모양을 본뜬 그림 글자예요. 그림처럼 복잡하다가 점점 단순한 모양이 되었어요.

2. **지사** : 구체적으로 모양을 나타낼 수 없는 것을 선이나 점으로 표현하여 의미를 약속한 글자예요.

3. **회의** : 두 개 이상 글자의 뜻을 모아서 만든 글자예요.

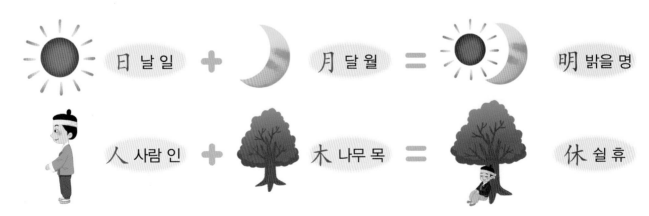

4. 형성 : 두 개 이상 글자의 소리와 모양이 합쳐진 글자예요. 소리를 나타내는 부분과 뜻을 나타내는 부분이 있어요.

木 나무 목 + 交 사귈 교 = 校 학교 교

力 힘 력 + 工 장인 공 = 功 공 공

5. 전주 : 이미 있는 한자의 뜻을 늘려서 확대하는 방법이에요.

즐길 락   樂   좋아할 요

음악 악

6. 가차 : 의성어, 의태어, 외래어 등을 표기하려고 글자의 의미와 상관없이 소리만 빌린 글자예요.

France

불란서(佛蘭西) : 프랑스

Paris

파리(巴黎) : 파리

알아보아요 - 뜻이 비슷한 한자

歌	노래 가	樂	즐길 락/음악 악	事	일 사	業	업 업
計	셀 계	算	셈 산	算	셈 산	數	셈 수
共	함께 공	同	한가지 동	生	날 생	活	살 활
工	장인 공	作	지을 작	世	인간 세	界	지경 계
光	빛 광	明	밝을 명	樹	나무 수	木	나무 목
教	가르칠 교	訓	가르칠 훈	身	몸 신	體	몸 체
區	구분할 구 / 지경 구	分	나눌 분	安	편안 안	全	온전 전
郡	고을 군	邑	고을 읍	言	말씀 언	語	말씀 어
根	뿌리 근	本	근본 본	永	길 영	遠	멀 원
急	급할 급	速	빠를 속	運	옮길 운	動	움직일 동
圖	그림 도	畫	그림 화	衣	옷 의	服	옷 복
道	길 도	路	길 로	正	바를 정	直	곧을 직
道	길 도	理	다스릴 리	集	모을 집	會	모일 회
同	한가지 동	一	한 일	靑	푸를 청	綠	푸를 록
等	무리 등	級	등급 급	出	날 출	生	날 생
例	법식 례	式	법 식	土	흙 토	地	땅 지
名	이름 명	號	이름 호	便	편할 편/똥오줌 변	安	편안 안
明	밝을 명	白	흰 백	平	평평할 평	和	화할 화
文	글월 문	書	글 서	學	배울 학	習	익힐 습
文	글월 문	章	글 장	海	바다 해	洋	큰바다 양

차례

재미있는 세계의 신화 이야기

단계별로 주제와
어울리는 한자를
모았어요.

배울 한자를
제시하였어요.

문장 힌트를 읽고
그림 속에서 숨은
한자 찾아보아요.

어떤 이야기장면
인지 설명이 들어
있어요.

하루에 두 글자씩 한자를 익혀요

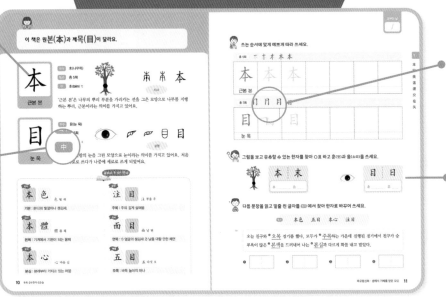

그림과 설명으로
한자의 원리를 재
미있게 익혀요.

中
중국 간체자와
병음, 한글 발음
을 함께 표기하
였어요.

획순을 따라 바르
게 써보아요.

신나는 연습문제로
그날 배운 한자들을
확인해보아요.

연습문제

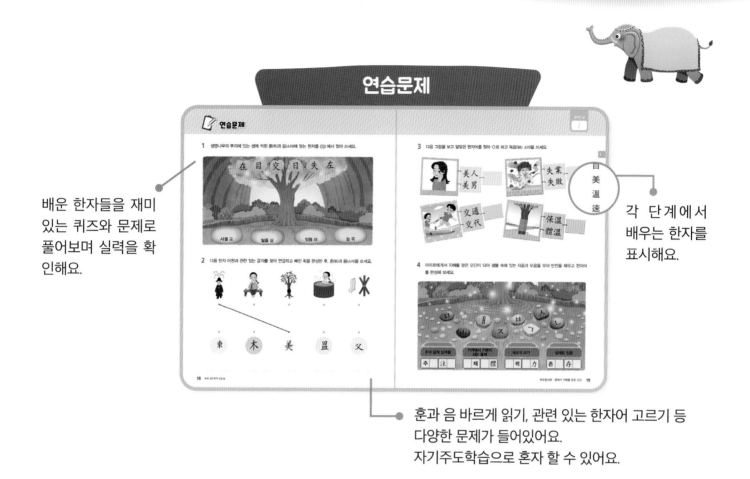

배운 한자들을 재미
있는 퀴즈와 문제로
풀어보며 실력을 확
인해요.

각 단계에서
배우는 한자를
표시해요.

훈과 음 바르게 읽기, 관련 있는 한자어 고르기 등
다양한 문제가 들어있어요.
자기주도학습으로 혼자 할 수 있어요.

기출 · 예상문제

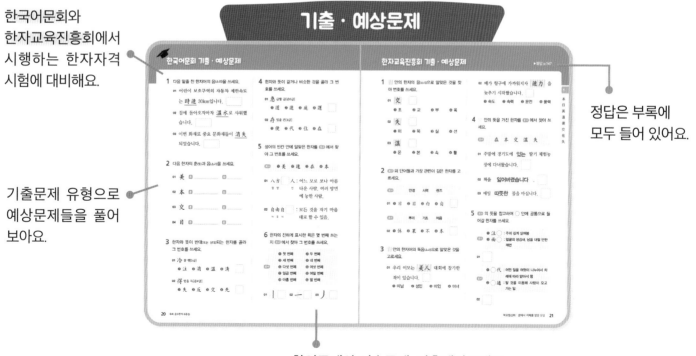

한국어문회와
한자교육진흥회에서
시행하는 한자자격
시험에 대비해요.

정답은 부록에
모두 들어 있어요.

기출문제 유형으로
예상문제들을 풀어
보아요.

확인문제와 연습문제, 기출예상문제로
총 3회 이상 반복하여 복습할 수 있어요.

샘에서 지혜를 얻은 오딘

우주로 뻗은 아름다운美 생명 나무의 뿌리에는 지혜를 주는 신비로운 샘이 있었어요在.

오딘은 신들의 왕이었지만 근본本적인 지혜를 얻고 싶어 샘을 지키는 미미르를 찾아갔어요.

미미르는 샘물을 마시는 대가로 오딘의 한쪽 눈目과 샘물 한 바가지를 교交환하자고 했어요.

문장 힌트를 읽고 그림 속에 숨은 한자를 찾아봅시다.

美　在　本　目　交　速　溫　失

잠깐 고민하던 오딘은 결단을 내리자마자 재빠르게速 스스로 눈을 뽑더니 샘에 던졌어요.
오딘의 눈은 투명한 샘물 속에서도 온溫화한 빛을 냈고 그는 샘물을 마실 수 있었어요.
그는 비록 한쪽 눈은 잃었지만失, 다른 신들에게는 없는 특별한 지혜를 갖게 되었어요.

북유럽 오딘 신화 : 오딘은 태초의 거인 이미르를 죽이고 세상을 창조한 유럽 최고의 신이에요. 그는 지혜의 샘물과 한쪽 눈을 맞바꾸어 지혜를 얻었고, 프라야 여신에게서 마법을 배웠으며, 죽음 너머의 세계를 알고자 9일 동안 나무에 매달려 죽음을 경험했어요. 그는 외눈박이가 되어 한쪽 눈으로 세상을 바라볼 수밖에 없었지만 지혜의 샘 안에 던져진 다른 눈으로 더 큰 세상을 바라보는 힘을 가지게 되었답니다.

북유럽신화 : 샘에서 지혜를 얻은 오딘   **9**

이 책은 원본(本)과 제목(目)이 달라요.

근본 본

부수	木(나무목)
획수	총 5획
中	本(běn) 번

지사

'근본 본'은 나무의 뿌리 부분을 가리키는 선을 그은 모양으로 나무를 지탱하는 뿌리, 근본이라는 의미를 가지고 있어요.

눈 목

부수	目(눈 목)
획수	총 5획
中	目(mù) 무

상형

'눈 목'은 사람의 눈을 그린 모양으로 눈이라는 의미를 가지고 있어요. 처음에는 가로로 쓰다가 나중에 세로로 쓰게 되었어요.

교과서 속 숨은 한자

국어
本 色　色 빛 색

기본 : 본디의 빛깔이나 생김새

국어
本 體　體 몸 체

본체 : 기계에서 기본이 되는 몸체

국어
本 心　心 마음 심

본심 : 본래부터 가지고 있는 마음

도덕
注 目　注 부을 주

주목 : 주의 깊게 살펴봄

국어
面 目　面 낯 면

면목 : 1) 얼굴의 생김새 2) 남을 대할 만한 체면

체육
五 目　五 다섯 오

오목 : 바둑 놀이의 하나

쓰는 순서에 맞게 예쁘게 따라 쓰세요.

총 5획	本 本 本 木 本

本	本	本				
근본 본						

총 5획	目 目 目 目 目

目	目	目				
눈 목						

 그림을 보고 유추할 수 있는 한자를 찾아 ○표 하고 훈(뜻)과 음(소리)을 쓰세요.

本 | 末

훈 _____ 음 _____

目 | 日

훈 _____ 음 _____

 다음 문장을 읽고 밑줄 친 글자를 보기 에서 찾아 한자로 바꾸어 쓰세요.

보기   本色   五目   本心   注目

오늘 친구와 ❶<u>오목</u> 경기를 했다. 모두가 ❷<u>주목</u>하는 가운데 진행된 경기에서 친구가 승부욕이 많은 ❸<u>본색</u>을 드러내어 나는 ❹<u>본심</u>과 다르게 화를 내고 말았다.

❶ [   ]   ❷ [   ]   ❸ [   ]   ❹ [   ]

언니는 미(美)인인데다 성격도 온(溫)화해요.

아름다울 미

부수	羊(양 양)
획수	총 9획
中	美(měi) 메이

羊 + 大 회의

'아름다울 미'는 머리에 특별한 장식을 한 사람을 그린 모양으로 아름답다는 의미를 가지고 있어요.

따뜻할 온

부수	氵(삼수변)
획수	총 13획
中	溫(wēn) 원

氵 + 昷 형성

'따뜻할 온'은 수증기가 올라오는 대야에서 몸을 씻고 있는 사람을 그린 모양으로 따뜻하다, 온화하다는 의미를 가지고 있어요.

교과서 속 숨은 한자

국어

美 人   人 사람 인

미인 : 외모가 아름다운 사람

도덕

美 容   容 얼굴 용

미용 : 얼굴이나 머리를 아름답게 가꾸는 일

국어

美 國   國 나라 국

미국 : 북아메리카 대륙에 있는 나라

과학

溫 水   水 물 수

온수 : 따뜻한 물

수학

保 溫   保 보전할 보

보온 : 온도가 변하지 않도록 지켜 주는 것

과학

溫 度   度 법도 도

온도 : 따뜻함과 차가움의 정도

쓰는 순서에 맞게 예쁘게 따라 쓰세요.

총 9획　美 美 美 美 美 美 美 美 美

美	美	美				
아름다울 미						

총 13획　溫 溫 溫 溫 溫 溫 溫 溫 溫 溫 溫 溫 溫

溫	溫	溫				
따뜻할 온						

다음 한자의 훈(뜻)과 음(소리)을 쓰세요.

美　훈 ＿＿＿＿＿ 음 ＿＿＿＿

溫　훈 ＿＿＿＿＿ 음 ＿＿＿＿

다음 밑줄 친 한자어의 독음(읽는 소리)을 쓰세요.

01 美國의 대통령이 한국을 방문하였습니다.　→　☐

02 북풍이 불어와 대기의 溫度가 차갑습니다.　→　☐

03 溫水를 틀었는데 차가운 물이 나와서 깜짝 놀랐습니다.　→　☐

04 언니는 美容에 관심이 아주 많습니다.　→　☐

방송으로 교(交)통정보를 속(速)속(速)히 알려주고 있어요.

速

부수 辶(책받침)
획수 총 11획
中 速(sù) 쑤

辶 + 束 형성

빠를 속

'빠를 속'은 사람이 걸어가는 발과 묶은 나뭇단을 그린 모양으로 채비를 단단히 갖추고 갈 길을 재촉하다, 빠르다는 의미를 가지고 있어요.

交

부수 亠(돼지해머리)
획수 총 6획
中 交(jiāo) 지아오

상형

사귈 교

'사귈 교'는 다리를 꼬고 앉아 있는 사람을 그린 모양으로 교차하다, 엇갈린다는 의미를 가지고 있어요.

교과서 속 숨은 한자

과학

速 度
度 법도 도

속도 : 물체가 나아가거나 일이 진행되는 빠르기

체육

速 力
力 힘 력

속력 : 속도의 크기

국어

速 報
報 알릴 보

속보 : 빨리 알리는 소식

도덕

交 代
代 대신할 대

교대 : 어떤 일을 여럿이 나누어서 차례에 따라 맡아서 함

사회

交 通
通 통할 통

교통 : 탈 것을 이용해 사람이 오고 가는 일

도덕

交 叉 路
叉 갈래 차
路 길 로

교차로 : 서로 엇갈려 마주친 길

1

本 目 美 溫 速 交 在 失

 쓰는 순서에 맞게 예쁘게 따라 쓰세요.

총 11획   速 速 速 速 速 速 速 速 速 速 速

速	速	速				
빠를 속						

총 6획   交 交 交 交 交 交

交	交	交				
사귈 교						

 다음 한자에 해당하는 음(소리)을 찾아 ○표 하세요.

   交   문 ┊ 교

   速   후 ┊ 속

 다음 빈칸에 들어갈 알맞은 한자어를 보기 에서 찾아 번호를 쓰세요.

보기   ❶ 交通   ❷ 速報   ❸ 交叉路   ❹ 風速

01 [　　] 에서는 주위를 살피고 길을 건너야 합니다.

02 뉴스에서 [　　] 로 사고 소식을 전하였습니다.

03 [　　] 이 초속 17.2미터 이상인 바람을 태풍이라고 합니다.

04 [　　] 수단의 발달로 우리는 먼 곳도 빠르게 갈 수 있습니다.

현재(在)도 소실(失)되지 않은 문화재가 있어요.

在

있을 재

부수	土(흙 토)
획수	총 6획
中	在(zài) 짜이

土 + 才 형성

'있을 재'는 새싹이 돋아나는 모습을 그린 모양으로 존재하다는 의미를 가지고 있어요. 이 글자가 재주라는 의미로 사용되자, 흙을 더하여 지금의 글자가 되었어요.

失

잃을 실

부수	大(큰 대)
획수	총 5획
中	失(shī) 스*

手+ 乙 형성

'잃을 실'은 손에서 무엇인가가 떨어지는 것을 그린 모양으로 물건을 떨어뜨려 잃다, 잃어 버리다라는 의미를 가지고 있어요.

교과서 속 숨은 한자

과학

存 **在** 　存 있을 존

존재 : 실제로 있음

도덕

不 **在** 　* '不'은 'ㄷ', 'ㅈ' 앞에서 '부'로 읽어요.
　　　　不 아닐 불/부

부재 : 있지 않음, 없음

국어

在 學 　學 배울 학

재학 : 학교에 다니고 있음

과학

失 敗 　敗 패할 패

실패 : 일을 잘못하여 그르침

국어

失 望 　望 바랄 망

실망 : 바라던 일이 뜻대로 되지 않아 희망을 잃음

사회

失 業 　業 업 업

실업 : 일자리를 잃거나 얻지 못함

쓰는 순서에 맞게 예쁘게 따라 쓰세요.

총 6획 在 在 在 在 在 在

在	在	在				
있을 재						

총 5획 失 失 失 失 失

失	失	失				
잃을 실						

 다음 한자와 소리는 같지만 뜻이 다른 한자를 찾아보세요.

失 ⓐ 室 ⓑ 先 ⓒ 天   在 ⓐ 左 ⓑ 才 ⓒ 主

 다음 의미에 해당하는 한자어를 찾아 ○표 하세요.

01 바라던 일이 뜻대로 되지 않아 희망을 잃음

失望 ┊ 失利

02 학교에 다니고 있음

在室 ┊ 在學

03 일자리를 잃거나 얻지 못함

失業 ┊ 失信

04 있지 않음, 없음

不在 ┊ 內在

연습문제

1 생명나무의 뿌리에 있는 샘에 적힌 훈(뜻)과 음(소리)에 맞는 한자를 [보기] 에서 찾아 쓰세요.

보기 在 目 交 日 失 左

사귈 교

잃을 실

있을 재

눈 목

2 다음 한자 어원과 관련 있는 글자를 찾아 연결하고 빠진 획을 완성한 후, 훈(뜻)과 음(소리)을 쓰세요.

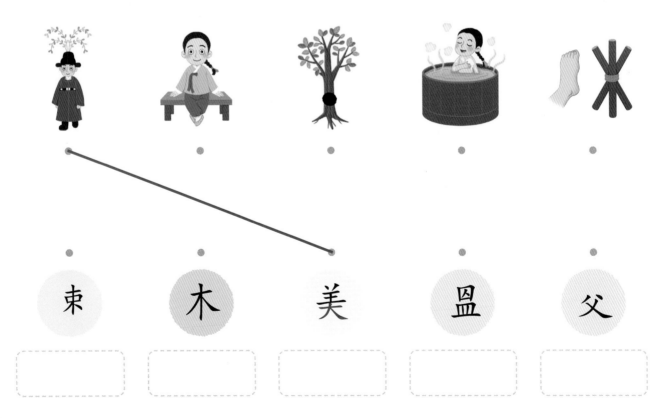

束 木 美 皿 父

3 다음 그림을 보고 알맞은 한자어를 찾아 ○표 하고 독음(읽는 소리)을 쓰세요.

美人
美男

失業
失敗

交通
交代

保溫
體溫

4 미미르에게서 지혜를 얻은 오딘이 되어 샘물 속에 있는 자음과 모음을 모아 빈칸을 채우고 한자어를 완성해 보세요.

주의 깊게 살펴봄	기계에서 기본이 되는 몸체	속도의 크기	실제로 있음
주 [ ] 注	체 [ ] 體	력 [ ] 力	존 [ ] 存

1 다음 밑줄 친 한자어의 음(소리)을 쓰세요.

01 어린이 보호구역의 자동차 제한속도 는 <u>時速</u> 30km입니다. ☐

02 집에 돌아오자마자 <u>溫水</u>로 샤워했 습니다. ☐

03 이번 화재로 중요 문화재들이 <u>消失</u> 되었습니다. ☐

2 다음 한자의 훈(뜻)과 음(소리)을 쓰세요.

01 美 훈_____ 음_____

02 本 훈_____ 음_____

03 交 훈_____ 음_____

04 目 훈_____ 음_____

3 한자와 뜻이 반대(또는 상대)되는 한자를 골라 그 번호를 쓰세요.

01 冷 찰 랭[5급]

❶ 注 ❷ 消 ❸ 溫 ❹ 清 ☐

02 得 얻을 득[준4급]

❶ 失 ❷ 反 ❸ 交 ❹ 先 ☐

4 한자와 뜻이 같거나 비슷한 것을 골라 그 번 호를 쓰세요.

01 急 급할 급[준6급]

❶ 道 ❷ 速 ❸ 庭 ❹ 運 ☐

02 存 있을 존[4급]

❶ 便 ❷ 代 ❸ 住 ❹ 在 ☐

5 성어의 빈칸 안에 알맞은 한자를 보기 에서 찾 아 그 번호를 쓰세요.

보기 ❶ 美 ❷ 速 ❸ 在 ❹ 本

01 八方 ☐ 人 : 어느 모로 보나 아름
   팔 방   인   다운 사람. 여러 방면
                에 능한 사람.

02 自由自 ☐ : 모든 것을 자기 마음
   자 유 자   대로 할 수 있음.

6 한자의 진하게 표시한 획은 몇 번째 쓰는 지 보기 에서 찾아 그 번호를 쓰세요.

보기
❶ 첫 번째   ❷ 두 번째
❸ 세 번째   ❹ 네 번째
❺ 다섯 번째   ❻ 여섯 번째
❼ 일곱 번째   ❽ 여덟 번째
❾ 아홉 번째   ❿ 열 번째

01 速 ☐   02 美 ☐   03 失 ☐

1 ▨ 안의 한자의 음(소리)으로 알맞은 것을 찾아 번호를 쓰세요.

01 交 ☐
  ❶ 조   ❷ 교   ❸ 부   ❹ 육

02 失 ☐
  ❶ 미   ❷ 목   ❸ 실   ❹ 선

03 溫 ☐
  ❶ 온   ❷ 본   ❸ 속   ❹ 활

2 보기 의 단어들과 가장 관련이 깊은 한자를 고르세요.

보기   안경   시력   렌즈

01 ❶ 日 ❷ 目 ❸ 白 ❹ 自 ☐

보기   뿌리   기초   처음

02 ❶ 休 ❷ 果 ❸ 不 ❹ 本 ☐

3 ▨ 안의 한자어의 독음(소리)으로 알맞은 것을 고르세요.

01 우리 이모는 美人 대회에 참가한 적이 있습니다. ☐
  ❶ 미남   ❷ 성인   ❸ 미인   ❹ 미녀

02 배가 항구에 가까워지자  을 늦추기 시작했습니다. ☐
  ❶ 속도   ❷ 속력   ❸ 운전   ❹ 풍력

4 ▨ 안의 뜻을 가진 한자를 보기 에서 찾아 쓰세요.

보기   在 本 交 溫 失

01 주말에 경기도에 **있는** 딸기 체험농장에 다녀왔습니다. ☐

02 책을 **잃어버렸습니다** . ☐

03 매일 **따뜻한** 물을 마십니다. ☐

5 보기 의 뜻을 참고하여 ◯ 안에 공통으로 들어갈 한자를 쓰세요.

보기 ❶ 注◯ : 주의 깊게 살펴봄
     ❷ 面◯ : 얼굴의 생김새, 남을 대할 만한 체면

01 ☐

보기 ❶ ◯代 : 어떤 일을 여럿이 나누어서 차례에 따라 맡아서 함
     ❷ ◯通 : 탈 것을 이용해 사람이 오고 가는 일

02 ☐

하늘과 땅을 연 반고

먼 옛날, 하늘과 땅의 **구역區**이 나눠지기 전에 세상은 시커먼 **기름油** 덩어리 같았어요.
긴 잠에서 깬 반고가 **머리頭**를 들어 주변을 보았지만, 아무것도 보이지 않았어요.
반고가 도끼를 휘두르자 거대한 덩어리가 갈라지면서 하늘과 땅이 **열렸어요開**.

문장 힌트를 읽고 그림 속에 숨은 한자를 찾아봅시다.

區 油 頭 開 死 綠 米 石

반고는 수만 년 동안이나 하늘을 떠받치고 있다가 결국 쓰러져 죽고死 말았어요.

그러자 그의 몸은 푸른綠 산과 땅으로 변하고 피부와 털은 풀과 나무로 변했어요.

머리카락과 수염은 벼가 되어 쌀米을 수확할 수 있게 되었고 이와 뼈는 돌石이 되었어요.

綠

米

死

石

중국 반고 신화 : 반고는 중국의 신화 중 창세신화에 등장하는 신이에요. 아주 오랫동안 하늘을 떠받들다가 죽을 때 그의 몸은 세상을 만드는 재료로 다시 태어났어요. 죽어서 변신한 반고의 몸 전체는 새롭게 탄생한 세계를 더욱 풍부하고 아름답게 만들어주었어요. 중국인들이 신성시하는 태산이 바로 반고의 머리가 변해 생긴 산이라고 해요.

봉투를 개(開)봉하자, 흑미(米)로 만든 과자가 잔뜩 들어 있었어요.

열 개

부수	門(문 문)
획수	총 12획
中	开(kāi) 카이

開   開

門 + 开 회의

'열 개'는 양손으로 문의 빗장을 푸는 모습을 그린 모양으로 열다라는 의미를 가지고 있어요. 또 나중에 시작한다는 의미도 가지게 되었어요.

쌀 미

부수	米(쌀 미)
획수	총 6획
中	米(mǐ) 미

米 米 米

상형

'쌀 미'는 막대 주위로 흩어진 탈곡한 낱알을 그린 모양으로 쌀이나 곡식이라는 의미를 가지고 있어요.

교과서 속 숨은 한자

국어
開 學   學 배울 학

개학 : 방학이 끝나고 다시 수업을 시작함

도덕
開 發   發 필 발

개발 : 자원을 쓸모 있게 만들거나 새로운 것을 만듦

국어
開 幕   幕 장막 막

개막 : 어떤 행사를 시작함

과학
白 米   白 흰 백

백미 : 흰쌀

도덕
玄 米   玄 검을 현

현미 : 벼의 겉껍질만 벗겨 낸 누르스름한 쌀

국어
米 飮   飮 마실 음

미음 : 쌀을 물에 끓여 마실 수 있도록 만든 음식

쓰는 순서에 맞게 예쁘게 따라 쓰세요.

총 12획	開 開 開 開 開 開 開 開 開 開 開 開					
開	開	開				
열 개						

총 6획	米 米 米 米 米 米					
米	米	米				
쌀 미						

 그림을 보고 유추할 수 있는 한자를 찾아 ○표 하고 훈(뜻)과 음(소리)을 쓰세요.

훈 _____ 음 _____

훈 _____ 음 _____

 다음 문장을 읽고 밑줄 친 글자를 보기 에서 찾아 한자로 바꾸어 쓰세요.

보기   白米   開學   米飮   開發

나는 오늘 쌀 박물관에 갔어요. 죽과 ❶미음의 차이에 대해 알게 되었고 ❷백미를 이용해 나만의 음식도 ❸개발하였어요. ❹개학하고 친구들을 만나면 알려주고 싶어요.

❶ [   ]   ❷ [   ]   ❸ [   ]   ❹ [   ]

어린이 보호 **구(區)**역을 지키는 일에 **사(死)**활을 걸었어요.

부수	ㄷ(감출혜 몸)
획수	총 11획
中	区(qū) 취

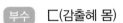 

ㄷ + 品 회의

구분할 구 / 지경 구

'구분할 구/지경 구'는 선반 위에 놓인 그릇을 그린 모양으로 그릇을 의미하다가 나중에 구분하다, 나눈다는 의미를 가지게 되었어요.

부수	歹(죽을사변)
획수	총 6획
中	死(sǐ) 쓰

歹 + ㄴ 회의

죽을 사

'죽을 사'는 시신 앞에서 애도하고 있는 사람을 그린 모양으로 죽음이라는 의미를 가지고 있어요.

교과서 속 숨은 한자

區 分 分 나눌 분

구분 : 기준에 따라 전체를 몇 개로 나누는 것

區 別 別 나눌 별

구별 : 성질이나 종류에 따라 나누는 것

區 域 域 지경 역

구역 : 나누어 놓은 지역

生 死 生 날 생

생사 : 삶과 죽음

戰 死 戰 싸움 전

전사 : 전쟁에서 싸우다가 죽음

不 死 身 不 아닐 불
身 몸 신

불사신 : 죽지 않는 몸, 절대 포기하지 않는 사람

쓰는 순서에 맞게 예쁘게 따라 쓰세요.

총 11획	區 區 區 區 區 區 區 區 區 區 區					
區	區	區				
구분할 구 / 지경 구						

총 6획	死 死 死 死 死 死					
死	死	死				
죽을 사						

다음 한자와 소리는 같지만 뜻이 다른 한자를 찾아보세요.

區 ⓐ 圖 ⓑ 同 ⓒ 球   死 ⓐ 成 ⓑ 事 ⓒ 花

다음 의미에 해당하는 한자어를 찾아 〇표 하세요.

01 기준에 따라 전체를 몇 개로 나누는 것   區分 ┊ 區間

02 전쟁에서 싸우다가 죽음   戰車 ┊ 戰死

03 죽지 않는 몸, 절대 포기하지 않는 사람   不死身 ┊ 不死藥

04 나누어 놓은 지역   區域 ┊ 區別

에메랄드는 초록(綠)색의 보석(石)이에요.

石

돌 석

부수	石(돌석)
획수	총 5획
中	石(shí) 스*

ㅏ ㅏ石 ㄅ 石

상형

'돌 석'은 벼랑 아래로 굴러떨어진 돌을 그린 모양으로 돌이라는 의미를 가지고 있어요.

綠

푸를 록

부수	糸(가는실멱)
획수	총 14획
中	綠(lù) 뤼

綠 綠 綠

糸 + 彔 형성

'푸를 록'은 자연에서 얻은 초록의 재료로 천을 염색하는 모습을 그린 모양으로 푸르다는 의미를 가지고 있어요.

교과서 속 숨은 한자

사회

石 塔
塔 탑 탑

석탑 : 돌로 쌓은 탑

국어

石 油
油 기름 유

석유 : 땅 밑에 묻혀 있는 갈색을 띤 기름

과학

化 石
化 될 화

화석 : 동물이나 식물이 돌처럼 굳어진 채로 남아 있는 것

국어

'綠'(록)이 단어 첫머리에 올 때는 '녹'으로 읽어요.

綠 茶
茶 차 차

녹차 : 초록빛이 나는 찻잎을 우린 물

수학

綠 豆
豆 콩 두

녹두 : 씨가 녹색인 콩과의 콩

사회

綠 陰
陰 그늘 음

녹음 : 푸른 잎이 우거진 숲

쓰는 순서에 맞게 예쁘게 따라 쓰세요.

총 5획	石 石 石 石 石					
石	石	石				
돌 석						

총 14획	綠 綠 綠 綠 綠 綠 綠 綠 綠 綠 綠 綠 綠 綠					
綠	綠	綠				
푸를 록						

다음 한자의 훈(뜻)과 음(소리)을 쓰세요.

石 훈 _____ 음 _____

綠 훈 _____ 음 _____

다음 밑줄 친 한자어의 독음(읽는 소리)을 쓰세요.

01 綠陰 속에서 매미들이 시끄럽게 울어댑니다. → ☐

02 불국사 삼 층 石塔을 보며 아사달과 아사녀의 전설이 생각났습니다. → ☐

03 綠茶를 마시는 것은 건강에 좋습니다. → ☐

04 울산에는 공룡 발자국 化石이 남아있습니다. → ☐

 開 米 區 死 石 綠 油 頭

아침밥은 **두(頭)**뇌 활동의 윤활**유(油)** 역할을 해요.

油
기름 유

부수	氵(삼수변)
획수	총 8획
中	油(yóu) 요우

油 油 油

水 + 由 형성

'기름 유'는 불을 밝히기 위해 등잔에 기름을 넣는 모습을 그린 모양으로 기름, 광택이라는 의미를 가지고 있어요.

頭
머리 두

부수	頁(머리 혈)
획수	총 16획
中	头(tóu) 토우

頭 頭 頭

豆 + 頁 형성

'머리 두'는 제기 위에 올려진 머리를 그린 모양으로 머리, 꼭대기, 우두머리라는 의미를 가지고 있어요.

교과서 속 숨은 **한자**

 사회

油 田 田 밭 전

유전 : 석유가 나는 곳

 사회

注 油 所 注 부을 주
所 바 소

주유소 : 자동차에 기름을 넣는 곳

 사회

油 畫 畫 그림 화

유화 : 서양화에서 물감을 기름에 개어 그리는 그림

수학

先 頭 先 먼저 선

선두 : 맨 앞

 수학

頭 角 角 뿔 각

두각 : 뛰어난 학식이나 재능을 비유적으로 이르는 말

 사회

頭 目 目 눈 목

두목 : 패거리의 우두머리

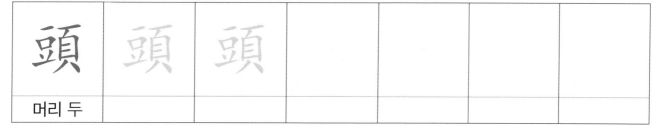

 쓰는 순서에 맞게 예쁘게 따라 쓰세요.

총 8획	油油油油油油油油						
油	油	油					
기름 유							

총 16획	頭頭頭頭頭頭頭頭頭頭頭頭頭頭頭頭						
頭	頭	頭					
머리 두							

다음 한자에 해당하는 음(소리)을 찾아 ○표 하세요.

油　주 ┆ 유

頭　두 ┆ 제

다음 빈칸에 들어갈 알맞은 한자어를 (보기)에서 찾아 번호를 쓰세요.

보기　❶ 先頭　❷ 頭角　❸ 注油所　❹ 油畫

01 그 선수는 어렸을 때부터 높이뛰기에서 [　　　] 을 드러냈습니다.

02 [　　　] 에서는 화기 사용에 주의해야 합니다.

03 [　　　] 는 수채화와는 다른 분위기를 자아냅니다.

04 나는 2회에 [　　　] 타자로 나서 홈런을 쳤습니다.

연습문제

1 반고의 몸 위에 적힌 훈(뜻)과 음(소리)을 보고 알맞은 한자를 써 넣으세요.

2 다음 한자 어원과 관련 있는 글자를 찾아 연결하고 빠진 획을 완성한 후, 훈(뜻)과 음(소리)을 쓰세요.

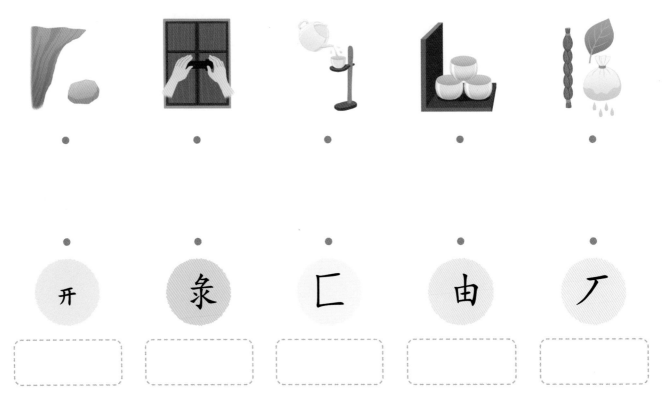

3 다음 그림을 보고 빈칸에 들어갈 알맞은 한자를 보기 에서 찾아 쓰세요.

보기

頭 綠 開 死

開 米 區 死 石 綠 油 頭

4 다음 의미에 해당하는 한자어의 독음을 찾아 색깔에 맞게 ○표 하고 한자어를 쓰세요.

석유가 나는 곳

유전
油田

땅 밑에 묻혀 있는
갈색을 띤 기름

흰 쌀

성질이나 종류에
따라 나누는 것

1 다음 밑줄 친 한자어의 음(소리)을 쓰세요.

01 삼촌은 회사에서 신제품을 <u>開發</u>하는 일을 하십니다. ☐

02 프라이팬에 <u>食用油</u>를 두르고 감자를 볶았습니다. ☐

03 7월이 되자 산과 들은 진한 <u>綠色</u>으로 물들었습니다. ☐

2 다음 한자의 훈(뜻)과 음(소리)을 쓰세요.

01 區 훈 _____ 음 _____

02 米 훈 _____ 음 _____

03 死 훈 _____ 음 _____

04 頭 훈 _____ 음 _____

3 한자와 뜻이 반대(또는 상대)되는 한자를 골라 그 번호를 쓰세요.

01 生 날 생[8급]
   ❶花 ❷死 ❸石 ❹活 ☐

02 閉 닫을 폐[4급]
   ❶聞 ❷問 ❸間 ❹開 ☐

4 한자와 뜻이 같거나 비슷한 것을 골라 그 번호를 쓰세요.

01 分 나눌 분[준6급]
   ❶區 ❷面 ❸同 ❹圖 ☐

02 靑 푸를 청[8급]
   ❶線 ❷紙 ❸綠 ❹放 ☐

5 성어의 빈칸 안에 알맞은 한자를 보기에서 찾아 그 번호를 쓰세요.

보기 ❶死 ❷油 ❸石 ❹開

01 九 ☐ 一生 : 죽을 고비를 여러 차례
   구   일 생   넘기고 겨우 살아남.

02 電光 ☐ 火 : 매우 짧은 시간이나
   전 광   화   매우 재빠른 움직임.

6 다음 한자의 진하게 표시한 획은 몇 번째 쓰는지 보기에서 찾아 그 번호를 쓰세요.

보기
❶ 첫 번째   ❷ 두 번째
❸ 세 번째   ❹ 네 번째
❺ 다섯 번째 ❻ 여섯 번째
❼ 일곱 번째 ❽ 여덟 번째
❾ 아홉 번째 ❿ 열 번째

01 區 ☐   02 開 ☐   03 米 ☐

1 ▨ 안의 한자의 음(소리)으로 알맞은 것을 찾아 번호를 쓰세요.

01 油 ▢
　❶ 두　　❷ 유　　❸ 주　　❹ 구

02 開 ▢
　❶ 개　　❷ 폐　　❸ 문　　❹ 미

03 綠 ▢
　❶ 연　　❷ 사　　❸ 상　　❹ 록

2 보기 의 단어들과 가장 관련이 깊은 한자를 고르세요.

보기　　　떡　　흰색　　벼

01 ❶ 夫　❷ 天　❸ 來　❹ 米 ▢

보기　　꼭대기　　맨 앞　　대장

02 ❶ 旗　❷ 前　❸ 頭　❹ 植 ▢

3 ▨ 안의 한자어의 독음(소리)으로 알맞은 것을 고르세요.

01 먼저 할 일과 나중에 할 일을 **區分** 해야 합니다. ▢
　❶ 구분　❷ 구별　❸ 분별　❹ 분간

02 며칠 전 집근처에 **開業** 한 분식집의 떡볶이가 맛있습니다. ▢
　❶ 시작　❷ 개시　❸ 개업　❹ 개발

4 ▨ 안의 뜻을 가진 한자를 보기 에서 찾아 쓰세요.

보기　　油　頭　死　綠　石

01 제주도에는 **돌** 하르방이 많습니다.
▢

02 학교 안이 쥐 **죽은** 듯이 조용합니다. ▢

03 전을 부칠 때는 **기름** 을 많이 넣어야 합니다. ▢

5 보기 의 뜻을 참고하여 ◯ 안에 공통으로 들어갈 한자를 쓰세요.

보기
　❶ 生◯ : 삶과 죽음
　❷ 戰◯ : 전쟁에서 싸우다가 죽음

01 ▢

보기
　❶ ◯茶 : 초록빛이 나는 찻잎을 우린 물
　❷ ◯豆 : 씨가 녹색인 콩과의 콩

02 ▢

생명수를 만든 비슈누

신들은 악마와의 싸움에서 이길勝 수 없게 되자 우주를 관장하는 비슈누를 찾아갔어요.
비슈누는 신들에게 바다를 휘저어 생명수를 만들면 악마를 이길 수 있을 거라고 말했어요言.
힘이 부족하다고 느낀感 신들은 생명수를 주겠다고 속이고 악마와 힘을 합하기合로 했어요.

문장 힌트를 읽고 그림 속에 숨은 한자를 찾아봅시다.

勝 言 感 合 使 式 待 孫

비슈누는 만다라 산을 바다 가운데로 옮겨온 다음 큰 뱀에게 산을 휘감으라고 시켰어요使.
신과 악마들은 양쪽에서 뱀을 당겨 산을 회전시키는 방식式으로 바다를 휘젓기 시작했어요.
천년의 기다림待 끝에 생명수가 만들어졌고 신들은 대대손손孫 강한 힘을 갖게 되었어요.

인도 비슈누 신화 : 비슈누는 우주의 유지와 보존을 담당하는 힌두교의 신이에요. 비슈누는 주로 아바타의 형태로 세상에 내려와 악을 물리치고 인류를 구원해 주는 역할을 해요. 비슈누와 관련된 신화들은 매우 다양한데, 그중에서도 신들이 바다를 휘저어 생명수를 얻고 악마들을 제압할 수 있도록 도와준 것이 비슈누가 활약한 가장 대표적인 신화랍니다.

물감을 **사(使)**용하여 색을 혼**합(合)**하는 방법을 배웠어요.

부릴 사

부수	亻(사람인 변)
획수	총 8획
中	使(shǐ) 스*

人 + 吏 회의

'부릴 사'는 제를 지내고 점을 치는 주술 도구를 손에 쥐고 있는 모습을 그린 모양으로 앞에 사람 인(人)을 붙여 일을 시키는 사람이라는 의미를 가지고 있어요.

*옛날에는 事와 글자의 모양이 같았어요.

합할 합

부수	口(입 구)
획수	총 6획
中	合(hé) 흐어

스 + 口 회의

'합할 합'은 뚜껑이 있는 찬합을 그린 모양으로 합한다는 의미를 가지고 있어요.

교과서 속 숨은 한자

 수학

使 用　用 쓸 용

사용 : 목적이나 기능에 맞게 씀

 사회

使 臣　臣 신하 신

사신 : 옛날에 나라를 대표하여 외국으로 가는 신하

 도덕

**天 **　天 하늘 천

천사 : 하늘에 있는 신의 뜻을 심부름하는 사람, 아주 착한 사람

 사회

合 心　心 마음 심

합심 : 여러 사람이 마음을 합침

 수학

合 計　計 셀 계

합계 : 합쳐서 계산함

 과학

**化 **　化 될 화

화합 : 둘 이상이 섞여 새로운 성질을 가지게 됨

쓰는 순서에 맞게 예쁘게 따라 쓰세요.

총 8획 使 使 使 使 使 使 使 使

使	使	使				
부릴 사						

총 6획 合 合 合 合 合 合

合	合	合				
합할 합						

 그림을 보고 유추할 수 있는 한자를 찾아 ○표 하고 훈(뜻)과 음(소리)을 쓰세요.

使 便

훈_____ 음_____

合 令

훈_____ 음_____

 다음 문장을 읽고 밑줄 친 글자를 보기 에서 찾아 한자로 바꾸어 쓰세요.

보기　　合計　　使用　　天使　　合心

오늘은 처음으로 과학 실험을 하는 날이에요. ❶천사 같은 친구가 실험도구의 ❷사용법을 알려주었어요. 친구와 ❸합심하여 실험한 결과, 성공한 수의 ❹합계가 가장 많았어요.

❶ [　　] 　❷ [　　] 　❸ [　　] 　❹ [　　]

폐막식(式) 참석을 위해 대(待)기 중이에요.

기다릴 대

부수	彳(두인변)
획수	총 9획
中	待(dài) 따이

彳 + 寺 형성

'기다릴 대'는 도로와 관청을 의미하는 寺를 그린 모양으로 관청에 간다는 의미를 가지고 있다가, 나중에 관청에서 업무 처리를 기다린다는 의미를 가지게 되었어요.

법 식

부수	弋(주살익)
획수	총 6획
中	式(shì) 스*

弋 + 工 형성

'법 식'은 장인이 무언가를 만드는 것을 그린 모양으로 법칙, 제도, 의식이라는 의미를 가지고 있어요.

교과서 속 숨은 한자

국어 期 **待**
期 기약할 기
기대 : 일이 이루어지기를 바라거나 기다림

국어 招 **待**
招 부를 초
초대 : 모임에 나와 달라고 부탁함

사회 苦 **待**
苦 쓸 고
고대 : 몹시 기다림

국어 禮 **式** 場
禮 예도 례
場 마당 장
예식장 : 예식을 치를 수 있도록 설비를 갖춘 장소

사회 方 **式**
方 모 방
방식 : 방법이나 형식

국어 結 婚 **式**
結 맺을 결
婚 혼인할 혼
결혼식 : 부부가 되는 약속을 하는 의식

3

使
合
待
式
勝
孫
感
言

 쓰는 순서에 맞게 예쁘게 따라 쓰세요.

총 9획 待 待 待 待 待 待 待 待 待

待	待	待				
기다릴 대						

총 6획 式 式 式 式 式 式

式	式	式				
법 식						

 다음 한자와 소리는 같지만 뜻이 다른 한자를 찾아보세요.

式 ⓐ 代 ⓑ 植 ⓒ 空   待 ⓐ 對 ⓑ 等 ⓒ 術

 다음 의미에 해당하는 한자어를 찾아 ○표 하세요.

01 몹시 기다림   苦待 ┊ 古代

02 예식을 치를 수 있도록 설비를 갖춘 장소   結婚式 ┊ 禮式場

03 모임에 나와 달라고 부탁함   期待 ┊ 招待

04 방법이나 형식   方式 ┊ 公式

할아버지와 손(孫)자가 한 팀이 되어 결승(勝)에 진출했어요.

勝
이길 승

부수	力(힘 력)
획수	총 12획
中	胜(shèng) 성*

朕 + 力 회의

'이길 승'은 힘을 발휘하여 노를 저어 배를 움직이는 모습을 그린 모양으로 이기다, 뛰어나다는 의미를 가지고 있어요.

孫
손자 손

부수	子(아들 자)
획수	총 10획
中	孙(sūn) 쑨

子 + 系 회의

'손자 손'은 아들과 이어진 명주실을 그린 모양으로 아들에서 이어지는 자손인 손자라는 의미를 가지고 있어요.

교과서 속 숨은 한자

勝 利
利 이로울 리

승리 : 겨루어서 이김

勝 者
者 사람 자

승자 : 싸움이나 경기에서 이긴 사람

決 勝
決 결단할 결

결승 : 승자를 결정하는 마지막 경기

後 孫
後 뒤 후

후손 : 자신의 세대에서 여러 세대가 지난 뒤의 자녀를 이르는 말

子 孫
子 아들 자

자손 : 자식과 손자

孫 女
女 여자 녀

손녀 : 아들의 딸이나 딸의 딸

쓰는 순서에 맞게 예쁘게 따라 쓰세요.

총 12획	勝 勝 勝 勝 勝 勝 勝 勝 勝 勝 勝 勝						
勝	勝	勝					
이길 승							

총 10획	孫 孫 孫 孫 孫 孫 孫 孫 孫 孫						
孫	孫	孫					
손자 손							

다음 한자의 훈(뜻)과 음(소리)을 쓰세요.

勝   훈 _____ 음 _____

孫   훈 _____ 음 _____

다음 밑줄 친 한자어의 독음(읽는 소리)을 쓰세요.

01   내가 좋아하는 팀이 전국 야구 대회에서 <u>勝利</u>했습니다.   →

02   숲속 오두막에 할아버지와 <u>孫女</u>가 살고 있었습니다.   →

03   좋은 풍습은 <u>後孫</u>에게 물려주어야 합니다.   →

04   올림픽 경기의 <u>決勝</u>전은 매우 흥미롭습니다.   →

한국어는 언(言)어 자체가 주는 감(感)동이 있어요.

感

느낄 감

부수	心(마음 심)
획수	총 13획
中	感(gǎn) 깐

感　感

咸 + 心 형성

'느낄 감'은 모두라는 의미를 가진 咸(다 함)과 心(마음 심)이 결합한 글자로 남김없이 모조리 느낀다는 의미를 가지고 있어요.

言

말씀 언

부수	言(말씀 언)
획수	총 7획
中	言(yán) 옌

辛 + 口 회의

'말씀 언'은 말소리가 퍼져나가는 모습을 그린 모양으로 소리나 말이라는 의미를 가지고 있어요.

교과서 속 숨은 한자

 도덕

感 情　情 뜻 정

감정 : 어떤 일에 대해 느끼는 마음

 국어

感 動　動 움직일 동

감동 : 마음이 크게 움직임

 국어

感 謝　謝 사례할 사

감사 : 고마움을 느끼거나 고마움을 나타내는 인사

국어

名 言　名 이름 명

명언 : 사리에 맞는 훌륭한 말씀

사회

方 言　方 모 방

방언 : 어느 한 지역에서 쓰는 말, 사투리

도덕

留 言　留 머무를 유

유언 : 죽기 전에 남기는 말

쓰는 순서에 맞게 예쁘게 따라 쓰세요.

총 13획 感 感 感 感 感 感 感 感 感 感 感 感 感

感	感	感				
느낄 감						

총 7획 言 言 言 言 言 言 言

言	言	言				
말씀 언						

3

使
合
待
式
勝
孫
感
言

 다음 한자에 해당하는 음(소리)을 찾아 ○표 하세요.

 感   성 ┊ 감    言   어 ┊ 언

 다음 빈칸에 들어갈 알맞은 한자어를 보기 에서 찾아 번호를 쓰세요.

보기   ❶ 方言   ❷ 感謝   ❸ 感動   ❹ 名言

01 친구의 편지는 나에게 [   ] 을 주었습니다.

02 '너 자신을 알라'는 소크라테스의 [   ] 입니다.

03 어버이날은 부모님께 [   ] 하는 마음을 표현하는 날입니다.

04 제주도에서 사용하는 [   ] 은 알아듣기가 어렵습니다.

연습문제

1 신들이 비슈누를 찾아가고 있어요. 알맞은 한자를 선택하여 신들의 길을 찾아 주세요.

2 다음 한자 어원과 관련 있는 글자를 찾아 연결하고 빠진 획을 완성한 후, 훈(뜻)과 음(소리)을 쓰세요.

3 신들과 악마들이 바다를 휘저어서 만들어진 암리타에 적힌 독음을 보고 한자를 찾아 써 넣으세요.

3
使
合
待
式
勝
孫
感
言

4 보기 와 같이 숫자 힌트를 사용하여 음(소리)을 쓰고, 한자어를 완성해보세요.

보기 ❶ ㅏ ❷ ㅐ ❸ ㅡ ❹ ㅎ ❺ ㅅ ❻ ㄱ ❼ ㅁ ❽ ㄷ ❾ ㅂ ❿ ㅇ

合心
苦待

感動
勝利

❻-❶-❼
감 동
感動
마음이 크게
움직임

❽-❷
고

몹시 기다림

❺-❸-❿
리

겨루어서 이김

❹-❶-❾
심

여러 사람이
마음을 합침

1 다음 밑줄 친 한자어의 음(소리)을 쓰세요.

01 육군과 해군이 **合同** 훈련을 할 계획입니다. ☐

02 이번 축구대회에서 우리 반이 **勝利** 했습니다. ☐

03 영화를 보고 **感動** 받아 눈물을 흘렸습니다. ☐

2 다음 한자의 훈(뜻)과 음(소리)을 쓰세요.

01 待 훈 _____ 음 _____

02 使 훈 _____ 음 _____

03 合 훈 _____ 음 _____

04 式 훈 _____ 음 _____

3 한자와 뜻이 반대(또는 상대)되는 한자를 골라 그 번호를 쓰세요.

01 敗 패할 패[5급]

❶ 術 ❷ 勝 ❸ 感 ❹ 待 ☐

02 祖 할아비 조[7급]

❶ 後 ❷ 歌 ❸ 社 ❹ 孫 ☐

4 한자와 뜻이 같거나 비슷한 것을 골라 그 번호를 쓰세요.

01 語 말씀 어[7급]

❶ 待 ❷ 使 ❸ 信 ❹ 言 ☐

02 法 법 법[준5급]

❶ 式 ❷ 代 ❸ 作 ❹ 合 ☐

5 성어의 빈칸 안에 알맞은 한자를 보기 에서 찾아 그 번호를 쓰세요.

보기 ❶ 勝 ❷ 孫 ❸ 感 ❹ 使

01 子☐萬代 : 대대로 이어지는 여러 대의 자손.
자 만 대

02 百戰百☐ : 싸울 때마다 다 이김.
백 전 백

6 다음 한자의 진하게 표시한 획은 몇 번째 쓰는지 보기 에서 찾아 그 번호를 쓰세요.

보기
❶ 첫 번째 ❷ 두 번째
❸ 세 번째 ❹ 네 번째
❺ 다섯 번째 ❻ 여섯 번째
❼ 일곱 번째 ❽ 여덟 번째
❾ 아홉 번째 ❿ 열 번째

01 感☐ 02 式☐ 03 使☐

1 ▦ 안의 한자의 음(소리)으로 알맞은 것을 찾아 번호를 쓰세요.

01 言 ☐

❶ 어　　❷ 화　　❸ 엄　　❹ 언

02 使 ☐

❶ 서　　❷ 사　　❸ 리　　❹ 명

03 孫 ☐

❶ 순　　❷ 손　　❸ 계　　❹ 승

2 보기 의 단어들과 가장 관련이 깊은 한자를 고르세요.

보기 　　기쁨　　슬픔　　놀라움

01 ❶窓 ❷藥 ❸感 ❹式 ☐

보기 　　번호표　　줄서기　　때

02 ❶待 ❷勝 ❸體 ❹使 ☐

3 ▦ 안의 한자어의 독음(소리)으로 알맞은 것을 고르세요.

01 문제를 다른 方式 으로 풀었지만 같은 답이 나왔습니다. ☐

❶ 법칙　　❷ 방식　　❸ 방법　　❹ 순서

02 우리반은 서로 和合 이 잘 됩니다. ☐

❶ 통합　　❷ 협동　　❸ 화합　　❹ 집합

4 ▦ 안의 뜻을 가진 한자를 보기 에서 찾아 쓰세요.

보기 　　勝 感 式 待 孫

01 축구시합에서 한국대표팀이 1점 차이로 이겼습니다 . ☐

02 배가 고파서 점심시간이 되기만을 기다리고 있습니다. ☐

03 할아버지가 손자 를 무릎에 앉혀 놓고 책을 읽어줍니다. ☐

5 보기 의 뜻을 참고하여 ○ 안에 공통으로 들어갈 한자를 쓰세요.

보기 ❶名○ : 사리에 맞는 훌륭한 말씀
❷方○ : 어느 한 지역에서 쓰는 말

01 ☐

보기 ❶○心 : 여러 사람이 마음을 합침
❷○計 : 합쳐서 계산함

02 ☐

소녀는 매일 밤 자리席에 앉아 하늘을 보면서 혼자 있는 달이 너무 외롭겠다고 생각했어요.
재를 뿌려 은하수를 만들고 나무 뿌리根로 별을 만들어서 달에게 친親구를 선물해 주었어요.
그런데 얼마 후 신이 나타나 별을 따 먹자 부족族의 추장도 별을 탐내기 시작했어요.

문장 힌트를 읽고 그림 속에 숨은 한자를 찾아봅시다.

席 根 親 族 訓 向 強 苦

별을 따면 안 된다는 신의 가르침訓에도 불구하고 추장은 별을 향해向 화살을 쐈어요.
하지만 화살은 강한強 번개로 변해 땅에 꽂혔고 추장은 그 번개에 맞아 죽고 말았어요.
신은 인간에게 고苦통을 주지 않으려고 활을 하늘에 걸었는데 그게 바로 무지개라고 해요.

아프리카 무지개 신화 : 아프리카 신화에서 인간은 신의 보호 아래에서 원래는 죽지 않는 존재였다고
해요. 하지만 인간이 신의 뜻을 따르지 않아 파괴와 죽음을 맞이하게 되었지요. 신은 떠나면서도 인간
이 고통받지 않도록 활을 하늘에 걸어 놓았다는 부분에서 깊은 배려심이 느껴져요. 은하수와 별, 그리
고 무지개 같은 자연물이 생성된 신화를 통해 아프리카 사람들의 풍부한 상상력을 엿볼 수 있어요.

아프리카신화 : 무지개가 뜬 까닭 **51**

선생님께서 결**석(席)**을 하지 말라고 **강(強)**조 하셨어요.

강할 강

부수	弓(활 궁)
획수	총 11획
中	強(qiáng) 치앙

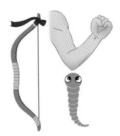

弘 + 虫 형성

'강할 강'은 활시위를 강하게 당기는 모습과 쌀벌레를 그린 모양으로 강한 생명력을 가진 쌀벌레를 의미하다가 나중에 강하다는 의미를 가지게 되었어요.

자리 석

부수	巾(수건 건)
획수	총 10획
中	席(xí) 시

巾 + 庶 형성

'자리 석'은 그늘진 곳에 자리를 깔고 앉는 것을 그린 모양으로 자리, 깔다, 펴놓다는 의미를 가지고 있어요.

교과서 속 숨은 한자

국어

強 力

力 힘 력

강력 : 힘이 강함

사회

強 國

國 나라 국

강국 : 군사력과 경제력이 뛰어난 나라

국어

強 弱

弱 약할 약

강약 : 강하고 약함

체육

出 席

出 날 출

출석 : 어떤 자리에 나아가 참석함

수학

座 席

座 자리 좌

좌석 : 앉을 수 있는 자리

국어

合 席

合 합할 합

합석 : 한 자리에 같이 앉음

쓰는 순서에 맞게 예쁘게 따라 쓰세요.

총 11획 強 強 強 強 強 強 強 強 強 強 強

強	強	強				
강할 강						

총 10획 席 席 席 席 席 席 席 席 席 席

席	席	席				
자리 석						

4

強
席
苦
族
根
訓
親
向

 그림을 보고 유추할 수 있는 한자를 찾아 ○표 하고 훈(뜻)과 음(소리)을 쓰세요.

強 ┊ 弱

훈 _____ 음 _____

席 度

훈 _____ 음 _____

 다음 문장을 읽고 밑줄 친 글자를 보기 에서 찾아 한자로 바꾸어 쓰세요.

보기　　座席　　合席　　強弱　　強力

교실에 새롭게 에어컨이 설치되었어요. 리모컨으로 바람의 세기를 ❶강약 조절할 수 있어서, ❷강력한 바람과 부드러운 바람을 고를 수 있어요. 내가 앉은 ❸좌석이 특히 시원했어요. 친구가 ❹합석하자고 내 자리에 같이 앉으려고 하자 선생님이 안 된다고 했어요.

❶ [　　] ❷ [　　] ❸ [　　] ❹ [　　]

일제강점기에 우리 민족(族)은 많은 고(苦)통을 받았어요.

苦

쓸 고

부수 ++(초두머리)
획수 총 9획
中 苦(kǔ) ㅋ

苦苦
++ + 古 형성

'쓸 고'는 草(풀 초)와 古(옛 고)를 그린 모양으로 풀을 먹고 나니 쓰다, 괴롭다는 의미를 가지고 있어요.

族

겨레 족

부수 方(모 방)
획수 총 11획
中 族(zú) 주

族
㫃 + 矢 회의

'겨레 족'은 나부끼는 깃발과 화살을 그린 모양으로 혈연이나 종족으로 이루어진 겨레나 일가라는 의미를 가지고 있어요.

교과서 속 숨은 한자

도덕
苦 生
生 날 생

고생 : 어렵고 힘든 일을 겪음

도덕
苦 痛
痛 아플 통

고통 : 괴롭거나 아픔

국어
苦 戰
戰 싸움 전

고전 : 힘들고 어렵게 싸움

사회
家 族
家 집 가

가족 : 부부를 중심으로 한 같은 핏줄인 사람들

국어
貴 族
貴 귀할 귀

귀족 : 옛날에 지위나 신분이 높았던 사람들

사회
白 衣 民 族
白 흰 백
衣 옷 의
民 백성 민

백의민족 : 흰옷을 입는 민족, 한민족

쓰는 순서에 맞게 예쁘게 따라 쓰세요.

총 9획 　苦苦苦苦苦苦苦苦苦

苦	苦	苦			
쓸 고					

총 11획 　族族族族族族族族族族族

族	族	族			
겨레 족					

4

強
席
苦
族
根
訓
親
向

 다음 한자와 소리는 같지만 뜻이 다른 한자를 찾아보세요.

苦　ⓐ 花　ⓑ 草　ⓒ 高　　　族　ⓐ 足　ⓑ 旗　ⓒ 短

 다음 의미에 해당하는 한자어를 찾아 ○표 하세요.

01 어렵고 힘든 일을 겪음　　　　　　　苦痛 ┊ 苦生

02 옛날에 지위나 신분이 높았던 사람들　民族 ┊ 貴族

03 부부를 중심으로 한 같은 핏줄인 사람들　家族 ┊ 部族

04 힘들고 어렵게 싸움　　　　　　　　戰死 ┊ 苦戰

이 글의 근(根)본적인 교훈(訓)은 착하게 살라는 것이에요.

根

뿌리 근

부수 木(나무 목)
획수 총 10획
中 根(gēn) 껀

根 根

木 + 艮 형성

'뿌리 근'은 나무와 나무뿌리를 향해 시선을 두고 있는 사람을 그린 모양으로 뿌리라는 의미를 가지고 있어요.

訓

가르칠 훈

부수 言(말씀 언)
획수 총 10획
中 训(xùn) 쉰

訓 訓

言 + 川 회의

'가르칠 훈'은 말의 흐름이 물 흐르듯이 자연스러운 모습을 그린 모양으로 이치에 맞는 말로 가르치다, 타이른다는 의미를 가지고 있어요.

교과서 속 숨은 한자

국어

根 本

本 근본 본

근본 : 나무의 뿌리라는 의미로 사물의 밑바탕이 되는 것

과학

根 源

源 근원 원

근원 : 물이 나오기 시작하는 곳

국어

蓮 根

蓮 연꽃 연

연근 : 연꽃의 뿌리

도덕

家 訓

家 집 가

가훈 : 집안의 가르침

도덕

訓 練

練 익힐 련

훈련 : 가르쳐서 익히게 함

국어

敎 訓

敎 가르칠 교

교훈 : 행동이나 생활의 지침이 될 만한 가르침

쓰는 순서에 맞게 예쁘게 따라 쓰세요.

총 10획 根 根 根 根 根 根 根 根 根 根

根	根	根				
뿌리 근						

총 10획 訓 訓 訓 訓 訓 訓 訓 訓 訓 訓

訓	訓	訓				
가르칠 훈						

4

強
席
苦
族
根
訓
親
向

 다음 한자에 해당하는 음을 찾아 ○표 하세요.

 根 근 : 림

 訓 훈 : 어

 다음 빈칸에 들어갈 알맞은 한자어를 보기 에서 찾아 번호를 쓰세요.

보기   ❶ 根本   ❷ 根源   ❸ 教訓   ❹ 家訓

01 우리 집의 [   ] 은 "정직하고 성실하게!"입니다.

02 흥부 놀부 이야기가 우리에게 주는 [   ] 은 "착한 사람이 복을 받는다."입니다.

03 나는 잘못된 소문의 [   ] 을 찾기 위해 노력했습니다.

04 지난주에 발생한 사고의 [   ] 원인은 부주의입니다.

우리는 **친(親)**척이라 성**향(向)**이 비슷해요.

부수 見(볼 견)
획수 총 16획
中 亲(qīn) 친

亲 + 見 형성

친할 친

'친할 친'은 몸에 문신을 새기던 도구(소리 부분)와 그것을 보고 있는 사람을 그린 모양으로 눈앞에 보이는 아주 가까운 사람이라는 의미를 가지고 있어요.

부수 口(입 구)
획수 총 6획
中 向(xiàng) 시앙

상형

향할 향

'향할 향'은 집에 있는 창문을 그린 모양으로 원래 창문이라는 의미였다가 나중에 방향이라는 의미를 가지게 되었어요.

교과서 속 숨은 한자

국어

 舊
舊 옛 구

친구 : 가깝게 오래 사귄 사람

사회

 密
密 빽빽할 밀

친밀 : 지내는 사이가 매우 친하고 가까움

국어

 分
分 나눌 분

친분 : 아주 친하게 지내면서 두텁게 든 정

사회

 上
上 윗 상

향상 : 실력이나 수준이 나아짐

수학

風
風 바람 풍

풍향 : 바람이 불어오는 방향

수학

方
方 모 방

방향 : 어떤 것이 정하는 쪽

쓰는 순서에 맞게 예쁘게 따라 쓰세요.

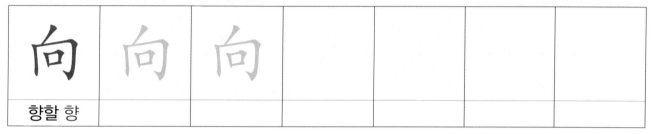

총 16획 親親親親親親親親親親親親親親親親

親	親	親				
친할 친						

총 6획 向向向向向向

向	向	向				
향할 향						

다음 한자의 훈(뜻)과 음(소리)을 쓰세요.

親 ── 훈 _____ 음 _____

向 ── 훈 _____ 음 _____

다음 밑줄 친 한자어의 독음(읽는 소리)을 쓰세요.

01 이번에는 내가 親舊를 도와주었습니다. →

02 이번 시험에서 수학 성적이 向上되었습니다. →

03 공이 날아와서 힘을 주어 밀었더니 方向이 바뀌었습니다. →

04 함께 어려운 문제를 해결하고 나서 우리는 더욱 親密한 사이가 되었습니다. →

4 强席苦族根訓親向

1 은하수에 흩뿌려진 별에서 다음 한자를 찾아 같은 색으로 색칠하세요.

향할 향   겨레 족   자리 석   강할 강

2 다음 한자 어원과 관련 있는 글자를 찾아 연결하고 빠진 획을 완성한 후, 훈(뜻)과 음(소리)을 쓰세요.

川   見   艮   艹   冂

3 다음 그림의 의미에 맞는 한자어를 찾아 ○표 하세요.

4

強
席
苦
族
根
訓
親
向

根본　연根　출席　좌席　向상　풍向　가族　親구

4 한자 기차가 보기와 같이 지나가며 한자어를 완성합니다. 독음을 보고 한자를 찾아 색칠하고 완성된 한자를 써보세요. (단, 가로·세로로만 가고 대각선으로는 이동하지 못합니다.)

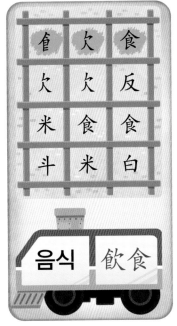

음식　飮食

강약

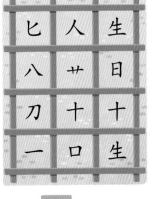

고생

가훈

1 다음 밑줄 친 한자어의 음(소리)을 쓰세요.

01 지난 주말에 <u>家族</u>과 함께 수영장에 다녀왔습니다. ☐

02 열대야가 심해서 밤새 <u>苦生</u>했습니다. ☐

03 회장이 선생님 대신 <u>出席</u>을 불렀습니다. ☐

2 다음 한자의 훈과 음을 쓰세요.

01 訓 훈 _____ 음 _____

02 根 훈 _____ 음 _____

03 親 훈 _____ 음 _____

04 向 훈 _____ 음 _____

3 한자와 뜻이 반대(또는 상대)되는 한자를 골라 그 번호를 쓰세요.

01 弱 약할 약[준6급]

❶ 族 ❷ 強 ❸ 席 ❹ 部 ☐

02 樂 즐길 락[준6급]

❶ 各 ❷ 訓 ❸ 苦 ❹ 向 ☐

4 한자와 뜻이 같거나 비슷한 것을 골라 그 번호를 쓰세요.

01 敎 가르칠 교[8급]

❶ 訓 ❷ 話 ❸ 記 ❹ 語 ☐

02 本 근본 본

❶ 林 ❷ 短 ❸ 根 ❹ 圖 ☐

5 성어의 빈칸 안에 알맞은 한자를 보기에서 찾아 그 번호를 쓰세요.

보기   ❶ 族   ❷ 放   ❸ 新   ❹ 親

01 父子有 ☐ : 아버지와 아들 사이
부 자 유   에는 친밀한 사랑이
            있어야 함.

02 白衣民 ☐ : 흰옷을 입은 민족.
백 의 민   '한민족'을 이르는 말.

6 다음 한자의 진하게 표시한 획은 몇 번째 쓰는지 보기에서 찾아 그 번호를 쓰세요.

보기
❶ 첫 번째   ❷ 두 번째
❸ 세 번째   ❹ 네 번째
❺ 다섯 번째   ❻ 여섯 번째
❼ 일곱 번째   ❽ 여덟 번째
❾ 아홉 번째   ❿ 열 번째

01 席 ☐   **02** 苦 ☐   **03** 強 ☐

1 ▨ 안의 한자의 음(소리)으로 알맞은 것을 찾아 번호를 쓰세요.

01 **苦** ▢
❶ 구 ❷ 곡 ❸ 고 ❹ 초

02 **族** ▢
❶ 죽 ❷ 가 ❸ 족 ❹ 방

03 **強** ▢
❶ 감 ❷ 상 ❸ 약 ❹ 강

2 보기 의 단어들과 가장 관련이 깊은 한자를 고르세요.

보기   스승   훈민정음   좌우명

01 ❶ 親 ❷ 訓 ❸ 話 ❹ 族 ▢

보기   방석   의자   돗자리

02 ❶ 根 ❷ 苦 ❸ 席 ❹ 向 ▢

3 ▨ 안의 한자어의 독음(소리)으로 알맞은 것을 고르세요.

01 시계 **方向** 으로 돌리면 뚜껑이 닫힙니다. ▢
❶ 순서 ❷ 방식 ❸ 방향 ❹ 자동

02 우리 집 **家訓** 은 '성실'입니다. ▢
❶ 급훈 ❷ 학칙 ❸ 교칙 ❹ 가훈

4 ▨ 안의 뜻을 가진 한자를 보기 에서 찾아 쓰세요.

보기   席 苦 根 強 親

01 **친한** 친구와 짝꿍이 되어서 기분이 좋습니다. ▢

02 가로수의 **뿌리** 가 땅 밖으로 올라왔습니다. ▢

03 나는 **쓴** 약도 잘 먹습니다. ▢

5 보기 의 뜻을 참고하여 ◯ 안에 공통으로 들어갈 한자를 쓰세요.

보기 ❶ 風◯ : 바람이 불어오는 방향
     ❷ ◯上 : 실력이나 수준이 나아짐

01 ▢

보기 ❶ 貴◯ : 옛날에 지위나 신분이 높았던 사람들
     ❷ 家◯ : 부부를 중심으로 한 같은 핏줄의 사람들

02 ▢

5 단계 물속으로 사라진 반지

니벨룽겐은 독일 북부에서 가장 가까운近 마을에 사는 난쟁이 종족이에요.

이들은 신비한 힘을 가진 반지와 수많은 금은銀 보화를 모아서 지키고 있었어요.

그런데 불을 뿜는 용 파프너가 보물을 빼앗아 마을郡에서 멀리遠 떨어진 동굴에 숨겼어요.

문장 힌트를 읽고 그림 속에 숨은 한자를 찾아봅시다.

近 銀 郡 遠 英 洋 黃 例

무적의 칼을 가지고 있던 지그프리트는 파프너를 물리치고 보물을 되찾아 영英웅이 되었어요.
하지만 얼마 후 왕과 신하의 간사한 꾀에 넘어가 먼 바다洋 한가운데서 죽고 말았어요.
그가 끼고 있던 반지와 황黃금 보물도 예例외 없이 전부 깊은 물 속으로 가라앉고 말았어요.

북유럽 반지 신화 : 독일의 반지 신화는 저주받은 반지가 저주에서 풀려나기까지의 여정과 그 반지를 둘러싼 다양한 인물들의 이야기를 담고 있어요. 그중에서도 지그프리트가 용을 물리치고 반지와 보물을 차지하는 과정과 그가 죽은 후에 벌어지는 이야기는 독일의 음악가 바그너가 만든 악극을 통해 사람들에게 더 널리 알려지게 되었답니다.

요즘에는 은(銀)행을 원(遠)격으로 이용할 수 있어요.

銀

은은

부수	金(쇠 금)
획수	총 14획
中	银(yín) 인

銀 銀

金 + 艮 형성

'은 은'은 쇠를 달구던 가마와 웅크린 채 시선을 내리고 있는 천민을 그린 모양으로 금보다 저렴한 금속이라는 의미를 가지고 있어요.

遠

멀 원

부수	辶(책받침)
획수	총 14획
中	远(yuǎn) 위엔

遠 遠 遠

辶 + 袁 형성

'멀 원'은 길과 옷깃이 넉넉한 옷, 발을 그린 모양으로 옷깃이 늘어져 있듯 길이 멀다는 의미를 가지고 있어요.

교과서 속 숨은 한자

도덕
銀 色   色 빛 색

은색 : 은처럼 반짝이는 색

수학
銀 行   行 다닐 행

은행 : 돈을 맡아 주거나 빌려 주는 곳

국어
銀 河 水   河 물 하
           水 물 수

은하수 : 밤하늘에 강처럼 길게 보이는 수많은 별

국어
遠 近   近 가까울 근

원근 : 멀고 가까움

국어
遠 大   大 큰 대

원대 : 뜻이나 계획이 멀고 큼

국어
遠 征   征 칠 정

원정 : 먼 곳으로 싸우러 감

쓰는 순서에 맞게 예쁘게 따라 쓰세요.

총 14획 銀 銀 銀 銀 銀 銀 銀 銀 銀 銀 銀 銀 銀 銀

銀	銀	銀				

은은

총 14획 遠 遠 遠 遠 遠 遠 遠 遠 遠 遠 遠 遠 遠 遠

遠	遠	遠				

멀원

그림을 보고 유추할 수 있는 한자를 찾아 ○표 하고 훈(뜻)과 음(소리)을 쓰세요.

遠 ┆ 園

훈 _____ 음 _____

根 ┆ 銀

훈 _____ 음 _____

다음 문장을 읽고 밑줄 친 글자를 보기 에서 찾아 한자로 바꾸어 쓰세요.

보기 銀河水 遠近 銀色 遠大

❶<u>원대</u>한 우주의 아름다움을 표현하기 위해서 ❷<u>은색</u>을 활용하여 ❸<u>은하수</u>를 그렸어요.
선생님께서 ❹<u>원근</u>감을 잘 표현했다고 칭찬해 주셔서 기분이 좋았어요.

❶ [____]   ❷ [____]   ❸ [____]   ❹ [____]

연천군(郡)은 휴전선 근(近)처에 있어요.

고을 군

부수 阝(邑, 우부방)

획수 총 10획

中 郡(jùn) 쮠

郡 郡

君 + 阝 형성

'고을 군'은 지역을 다스리는 사람이 지팡이를 들고 명령을 내리는 모습을 그린 모양으로 군주가 다스리는 마을이라는 의미를 가지고 있어요.

가까울 근

부수 辶(책받침)

획수 총 8획

中 近(jìn) 찐

近 近

辶 + 斤 형성

'가까울 근'은 거리와 도끼를 그린 모양으로 도끼로 나무를 베어 길을 만들어 거리를 줄인다는 데에서 가깝다는 의미를 가지게 되었어요.

교과서 속 숨은 한자

도덕

郡 廳 廳 관청 청

군청 : 군의 일을 맡아보는 기관

도덕

郡 民 民 백성 민

군민 : 군에 사는 사람

사회

郡 內 內 안 내

군내 : 군이나 고을의 안

국어

親 近 親 친할 친

친근 : 사귀어 지내는 사이가 아주 가까움

국어

最 近 最 가장 최

최근 : 지나간 지 얼마 안 된 즈음

도덕

接 近 接 이을 접

접근 : 가까이 다가감

쓰는 순서에 맞게 예쁘게 따라 쓰세요.

총 10획 郡 郡 郡 郡 郡 郡 郡 郡 郡 郡

郡	郡	郡				
고을 군						

총 8획 近 近 近 近 近 近 近 近

近	近	近				
가까울 근						

5

銀 遠 郡 近 例 黃 洋 英

 다음 한자와 소리는 같지만 뜻이 다른 한자를 찾아보세요.

郡 ⓐ 部 ⓑ 軍 ⓒ 邑   近 ⓐ 根 ⓑ 遠 ⓒ 速

 다음 의미에 해당하는 한자어를 찾아 ○표 하세요.

01 군에 사는 사람

02 사귀어 지내는 사이가 아주 가까움

03 가까이 다가감

04 군이나 고을의 안

郡主 ┊ 君民

親近 ┊ 遠近

最近 ┊ 接近

郡內 ┊ 郡外

주황(黃)색과 노란색을 차례(例)대로 정리해요.

例

법식 례

> 부수 亻(사람인변)
> 획수 총 8획
> 中 例(lì) 리

人 + 列 회의

'법식 례'는 사람이 늘어서 있는 모습을 그린 모양으로 사람이 지켜야 할 순서, 규칙이라는 의미를 가지고 있어요.

黃

누를 황

> 부수 黃(누를 황)
> 획수 총 12획
> 中 黃(huáng) 황

田 + 炗 회의

'누를 황'은 둥근 장신구를 허리에 두른 황제를 그린 모양으로 황제의 상징색인 황금색이라는 의미를 가지고 있어요.

교과서 속 숨은 한자

국어

例 文
文 글월 문

'例'(례)가 단어 첫머리에 올 때는 '예'로 읽어요.

예문 : 설명을 위한 보기가 되는 문장

도덕

事 例
事 일 사

사례 : 실제로 일어난 예

과학

例 示
示 보일 시

예시 : 예를 들어 보임

과학

黃 土
土 흙 토

황토 : 누런 빛이 나는 흙

국어

黃 金
金 쇠 금

황금 : 누런 빛의 금

수학

朱 黃
朱 붉을 주

주황 : 빨강과 노랑의 중간색

쓰는 순서에 맞게 예쁘게 따라 쓰세요.

총 8획 例 例 例 例 例 例 例 例

例	例	例				
법식 례						

총 12획 黃 黃 黃 黃 黃 黃 黃 黃 黃 黃 黃 黃

黃	黃	黃				
누를 황						

5

銀
遠
郡
近
例
黃
洋
英

다음 한자에 해당하는 음을 찾아 ○표 하세요.

黃　　황 ｜ 공

例　　례 ｜ 열

다음 빈칸에 들어갈 알맞은 한자어를 보기 에서 찾아 번호를 쓰세요.

보기　❶ 例文　❷ 事例　❸ 黃土　❹ 朱黃

01 선생님이 두 가지의 [　　　] 를 들어 설명해 주셨습니다.

02 우리 집에는 [　　　] 로 만든 침대가 있습니다.

03 나는 빨강과 노랑의 물감을 섞어서 [　　　] 색을 만들었습니다.

04 외국어 공부를 할 때에는 [　　　] 을 익히는 것이 매우 중요합니다.

영(英)국은 대서양(洋)에 있는 나라예요.

洋
큰바다 양

부수 氵(삼수변)
획수 총 9획
中 洋(yáng) 양

水 + 羊 형성

'큰바다 양'은 물과 양의 머리를 그린 모양으로 크게 무리를 지어 다니는 양의 특성에서 큰 바다라는 의미를 가지게 되었어요.

英
꽃부리 영

부수 艹(초두머리)
획수 총 9획
中 英(yīng) 잉

艹 + 央 형성

'꽃부리 영'은 머리에 무엇인가를 걸친 사람과 풀을 그린 모양으로 央은 소리 부분만 담당해요. 꽃부리라는 의미보다는 명예나 뛰어나다는 의미를 가지고 있어요.

교과서 속 숨은 한자

과학
海 洋   海 바다 해

해양 : 넓고 큰 바다

사회
洋 服   服 옷 복

양복 : 서양식 의복

사회
太 平 洋   太 클 태
平 평평할 평

태평양 : 오대양의 하나, 세계에서 가장 큰 바다

국어
英 才   才 재주 재

영재 : 뛰어난 재주가 있는 사람

국어
英 語   語 말씀 어

영어 : 미국, 영국 등 세계 여러 나라에서 사용하는 언어

국어
英 雄   雄 수컷 웅

영웅 : 재능이 뛰어나 어려운 일을 해내는 사람

쓰는 순서에 맞게 예쁘게 따라 쓰세요.

총 9획	洋 洋 洋 洋 洋 洋 洋 洋 洋

洋	洋	洋				
큰바다 양						

총 9획	英 英 英 英 英 英 英 英 英

英	英	英				
꽃부리 영						

 다음 한자의 훈(뜻)과 음(소리)을 쓰세요.

英 ─ 훈 _____ 음 _____

洋 ─ 훈 _____ 음 _____

 다음 밑줄 친 한자어의 독음(읽는 소리)을 쓰세요.

01 오늘 英語 시간에는 미국인과 영상통화를 했습니다. → ☐

02 太平洋에는 플라스틱 쓰레기로 만들어진 섬이 있습니다. → ☐

03 아빠는 중요한 행사가 있을 때 洋服을 갖추어 입으십니다. → ☐

04 우리 학교에서는 수많은 英才가 배출되었습니다. → ☐

1 지그프리트는 파프너가 숨긴 보물을 찾으러 가고 있어요. 한자에 해당하는 음을 따라 길을 찾아 주세요.

2 다음 한자 어원과 관련 있는 글자를 찾아 연결하고 빠진 획을 완성한 후, 훈(뜻)과 음(소리)을 쓰세요.

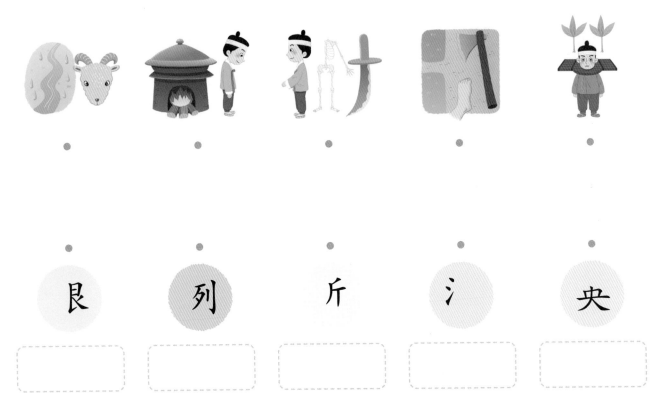

3 니벨룽겐이 파프너에게 보물을 빼앗길 위기에 처했어요. 독음에 해당하는 한자어를 색칠하여 파프너가 볼 수 없게 숨겨 주세요.

은행 · 영어 · 태평양 · 친근

行銀 · 銀行 · 英語 · 英語 · 太平洋 · 大平洋 · 新近 · 親近

5

銀
遠
郡
近
例
黃
洋
英

4 빈칸에 들어갈 알맞은 한자를 넣어 한자어를 완성하고 한자어의 의미를 [보기]에서 찾아 번호를 쓰세요.

보기
① 예를 들어 보임   ② 군의 일을 맡아보는 기관
③ 빨강과 노랑의 중간색   ④ 먼 곳으로 싸우러 감

朱	+	橫	−		=	주黃	
	+	列	+	示	=	例시	
辶	+		+	征	=	遠정	
君	+	阝	+	廳	=	郡청	②

1 다음 밑줄 친 한자어의 음(소리)을 쓰세요.

01 우리 형은 예술 英才 로 선발되었습니다. [ ]

02 가을 들판이 黃金빛으로 물들었습니다. [ ]

03 지난 주말에 유명 西洋 화가의 전시회에 다녀왔습니다. [ ]

2 다음 한자의 훈과 음을 쓰세요.

01 例 훈 _____ 음 _____

02 銀 훈 _____ 음 _____

03 郡 훈 _____ 음 _____

04 近 훈 _____ 음 _____

3 한자와 뜻이 반대(또는 상대)되는 한자를 골라 그 번호를 쓰세요.

01 遠
❶ 速 ❷ 道 ❸ 運 ❹ 近 [ ]

4 한자와 뜻이 같거나 비슷한 것을 골라 그 번호를 쓰세요.

01 邑 고을 읍[7급]
❶ 色 ❷ 郡 ❸ 英 ❹ 黃 [ ]

02 海 바다 해[준7급]
❶ 洞 ❷ 消 ❸ 洋 ❹ 淸 [ ]

5 성어의 빈칸 안에 알맞은 한자를 보기 에서 찾아 그 번호를 쓰세요.

보기 ❶ 例 ❷ 近 ❸ 遠 ❹ 英

01 不 [ ] 千里 : 천리길도 멀다고 여기지 않음.
불   천 리

02 [ ] 墨者黑 : 먹을 가까이 하는 사람은 검어짐.
묵 자 흑

6 다음 한자의 진하게 표시한 획은 몇 번째 쓰는지 보기 에서 찾아 그 번호를 쓰세요.

보기
❶ 첫 번째   ❷ 두 번째
❸ 세 번째   ❹ 네 번째
❺ 다섯 번째   ❻ 여섯 번째
❼ 일곱 번째   ❽ 여덟 번째
❾ 아홉 번째   ❿ 열 번째

01 銀 [ ] 02 例 [ ] 03 黃 [ ]

한자교육진흥회 기출 · 예상문제

▶정답 p.150

1 안의 한자의 음(소리)으로 알맞은 것을 찾아 번호를 쓰세요.

01 遠 ☐

❶ 은 ❷ 완 ❸ 도 ❹ 원

02 例 ☐

❶ 례 ❷ 열 ❸ 도 ❹ 석

03 郡 ☐

❶ 곤 ❷ 권 ❸ 군 ❹ 관

2 보기 의 단어들과 가장 관련이 깊은 한자를 고르세요.

보기 진주 파라솔 파도

01 ❶ 運 ❷ 近 ❸ 注 ❹ 洋 ☐

보기 개나리 카레 은행잎

02 ❶ 急 ❷ 黄 ❸ 書 ❹ 銀 ☐

3 안의 한자어의 독음(소리)으로 알맞은 것을 고르세요.

01 이번 경기는 近來 보기 드문 훌륭한 경기였습니다. ☐

❶ 유래 ❷ 근래 ❸ 근방 ❹ 원래

02 英國 은 섬나라입니다. ☐

❶ 미국 ❷ 태국 ❸ 중국 ❹ 영국

4 안의 뜻을 가진 한자를 보기 에서 찾아 쓰세요.

보기 黄 郡 例 銀 遠

01 아침 햇살에 호수가 은 빛으로 반짝반짝 빛납니다. ☐

02 창밖으로 보이는 먼 산을 바라보았습니다. ☐

03 이 고을 은 풍경이 좋습니다. ☐

5 보기 의 뜻을 참고하여 ◯ 안에 공통으로 들어갈 한자를 쓰세요.

보기
❶ ◯服 : 서양식 의복
❷ 太平◯ : 세계에서 가장 큰 바다

01 ☐

보기
❶ ◯語 : 미국, 영국 등 세계 여러 나라에서 사용하는 언어
❷ ◯雄 : 재능이 뛰어나 보통 사람이 하기 어려운 일을 해내는 사람

02 ☐

5

銀 遠 郡 近 例 黄 洋 英

섬을 낚은 마우이

남태평양의 한 자그마한 섬에 마우이라는 이름號의 소년이 살고 있었어요.

마우이는 낚시 기술을 익히기習 위해 아침朝 일찍 형들과 함께 바다로 나갔어요.

뜨거운 햇볕陽 아래서 물고기는 잡지도 못하고 태풍을 만나 옷衣만 흠뻑 젖고 말았어요.

문장 힌트를 읽고 그림 속에 숨은 한자를 찾아봅시다.

號 習 朝 陽 衣 服 太 畫

마우이는 옷服 주머니에서 돌아가신 할머니의 턱뼈를 꺼내 끈을 묶어 바다에 던졌어요.
한참 후 엄청나게 큰太 물고기가 물렸고 형제들은 힘을 합쳐 끈을 당기고 또 당겼어요.
고생 끝에 잡은 물고기는 바로 그림畫 같은 풍경을 간직한 뉴질랜드 북섬이라고 해요.

뉴질랜드 마우이 신화 : 마우이는 어릴 때 허약해서 버려졌으나 할머니에 의해 구출되어 영웅으로 자라났어요. 그 후 인간 세상에서 많은 업적을 세우게 되지요. 그중 가장 큰 업적은 할머니의 턱뼈로 만든 낚싯바늘로 바다의 바닥을 낚아 올려 뉴질랜드의 북섬을 만들었다는 이야기예요. 이러한 전설이 있어 지금도 뉴질랜드의 북섬을 '마우이의 물고기'라고 부르기도 한답니다.

이 영화(畫)는 태(太)백산에서 촬영했어요.

클 태

부수	大(큰 대)
획수	총 4획
中	太(tài) 타이

지사

'클 태'는 두 팔을 벌린 사람 다리 사이에 점을 찍은 모양으로 大보다 더 크고 심하다는 의미를 가지고 있어요.

그림 화

부수	田(밭 전)
획수	총 12획
中	画(huà) 화

田 + 一 + 聿 회의

'그림 화'는 붓을 쥐고 그림을 그리고 있는 모습을 그린 모양으로 그림, 그린다는 의미를 가지고 있어요.

교과서 속 숨은 한자

체육

太半 半 반 반

태반 : 3분의 2 이상으로 절반이 넘음

도덕

太陽 陽 볕 양

태양 : 해, 태양계에서 유일하게 스스로 빛을 내는 별

국어

太平 平 평평할 평

태평 : 아무 걱정없이 평안함

미술

畫宣紙 宣 베풀 선
紙 종이 지

화선지 : 붓글씨를 쓰거나 그림을 그릴 때 쓰는 한지의 하나

도덕

畫家 家 집 가

화가 : 그림을 그리는 사람

미술

名畫 名 이름 명

명화 : 유명한 그림

쓰는 순서에 맞게 예쁘게 따라 쓰세요.

| 총 4획 | 太 太 太 太 |

太	太	太				
클 태						

| 총 12획 | 畫 畫 畫 畫 畫 畫 畫 畫 畫 畫 畫 畫 |

畫	畫	畫				
그림 화						

그림을 보고 유추할 수 있는 한자를 찾아 ○표 하고 훈(뜻)과 음(소리)을 쓰세요.

大 ┆ 太

훈 _____ 음 _____

畫 ┆ 書

훈 _____ 음 _____

다음 문장을 읽고 밑줄 친 글자를 보기 에서 찾아 한자로 바꾸어 쓰세요.

보기   太陽   畫家   畫宣紙   太半

나의 꿈은 ❶화가예요. 나는 따스한 ❷태양이 비추는 풍경을 좋아해서 내 그림의 ❸태반은 낮을 그린 그림이에요. 특히 나는 ❹화선지 위에 그리는 것을 좋아해요.

❶ [┆]   ❷ [┆]   ❸ [┆]   ❹ [┆]

조(朝)선 시대 양반들은 의(衣)관을 갖추어 예를 표현했어요.

衣

옷 의

부수	衣(옷 의)
획수	총 6획
中	衣(yī) 이

상형

'옷 의'는 윗옷을 그린 모양으로 옷이라는 의미를 가지고 있어요.

朝

아침 조

부수	月(달 월)
획수	총 12획
中	月(cháo) 차오*

卓 + 月 회의

'아침 조'는 초목 사이로 떠오르는 해와 아직 떨어지지 않은 달을 그린 모양으로 이른 아침이라는 의미를 가지고 있어요.

교과서 속 숨은 한자

국어

衣 服

服 옷 복

의복 : 옷

국어

上 衣

上 윗 상

상의 : 위에 입는 옷

도덕

脫 衣

脫 벗을 탈

탈의 : 옷을 벗음

국어

朝 會

會 모일 회

조회 : 아침에 한자리에 모임

사회

朝 鮮

鮮 고울 선

조선 : 1392년 이성계가 고려를 무너뜨리고 세운 나라

국어

王 朝

王 임금 왕

왕조 : 같은 왕의 집안이 다스리는 시대

쓰는 순서에 맞게 예쁘게 따라 쓰세요.

총 6획	衣 衣 衣 衣 衣 衣					
衣	衣	衣				
옷 의						

총 12획	朝 朝 朝 朝 朝 朝 朝 朝 朝 朝 朝 朝					
朝	朝	朝				
아침 조						

6

太 畵 衣 朝 號 陽 習 服

 다음 한자와 소리는 같지만 뜻이 다른 한자를 찾아보세요.

朝   ⓐ 祖   ⓑ 親   ⓒ 部   衣   ⓐ 言   ⓑ 音   ⓒ 意

 다음 의미에 해당하는 한자어를 찾아 ○표 하세요.

01 위에 입는 옷

上衣 | 下衣

02 옷

衣服 | 脫衣

03 아침에 한자리에 모임

朝會 | 朝食

04 같은 왕의 집안이 다스리는 시대

王祖 | 王朝

번호(號) 순서대로 태양(陽)필터 안경을 쓰고 일식을 보았어요.

號

이름 호

부수	虍(범호엄)
획수	총 13획
中	号(hào) 하오

号 + 虎 회의

'이름 호'는 호랑이가 부르짖는 소리가 울려 퍼지는 모습을 그린 모양으로 큰 소리로 외치다, 부르다는 의미를 가지고 있어요.

陽

볕 양

부수	阝(좌부변)
획수	총 12획
中	阳(yáng) 양

阝 + 昜 회의

'볕 양'은 햇볕이 제단 위를 비추고 있는 모습을 그린 모양으로 볕, 낮이라는 의미를 가지고 있어요.

교과서 속 숨은 한자

국어

口 號 口 입 구

구호 : 뜻이나 주장을 짧게 나타낸 말

도덕

暗 號 暗 어두울 암

암호 : 남에게 드러나지 않도록 정해 놓은 기호

국어

符 號 符 부호 부

부호 : 정해진 뜻을 나타내기 위해 쓰는 기호

과학

陽 地 地 땅 지

양지 : 볕이 바로 드는 곳

국어

夕 陽 夕 저녁 석

석양 : 저녁때의 햇빛 또는 저녁때의 저무는 해

국어

陽 曆 曆 책력 력

양력 : 지구가 태양을 한 바퀴 도는 데 걸리는 시간을 1년으로 정한 달력

쓰는 순서에 맞게 예쁘게 따라 쓰세요.

총 13획	號 號 號 號 號 號 號 號 號 號 號 號 號						
號	號	號					
이름 호							

총 12획	陽 陽 陽 陽 陽 陽 陽 陽 陽 陽 陽 陽						
陽	陽	陽					
볕 양							

6

太
畫
衣
朝
號
陽
習
服

다음 한자에 해당하는 음을 찾아 ○표 하세요.

 號 묵 | 호

 陽 양 | 장

다음 빈칸에 들어갈 알맞은 한자어를 보기 에서 찾아 번호를 쓰세요.

보기   ❶ 符號   ❷ 陽曆   ❸ 暗號   ❹ 陽地

01 [   ] 에는 벌써 눈이 다 녹아버렸습니다.

02 물음표는 무엇인가를 물어본다는 의미의 문장 [   ] 입니다.

03 우리는 그 숫자들을 조합하여 [   ] 를 찾아내야 합니다.

04 설이나 추석은 [   ] 이 아니라 음력을 사용합니다.

교**복(服)**의 넥타이를 매는 방법을 연**습(習)**해요.

習

익힐 습

부수	羽(깃우)
획수	총 11획
中	习(xí) 시

羽 + 白 회의

'익힐 습'은 태양보다 높은 하늘을 날고 있는 새를 그린 모양으로 새가 하늘을 날기 위해서는 수없이 익혀야 한다는 데에서 익힌다는 의미를 가지게 되었어요.

服

옷 복

부수	月(육달월)
획수	총 8획
中	服(fú) 푸

月 + 反 회의

'옷 복'은 배와 무릎 꿇은 죄인을 잡고 있는 손을 그린 모양으로 복종한다는 의미를 가지고 있다가 나중에 옷이라는 의미를 가지게 되었어요.

교과서 속 숨은 한자

도덕 復 習
復 돌아올 복

복습 : 배운 것을 다시 익힘

국어 習 慣
慣 버릇 관

습관 : 오랫동안 되풀이하면서 몸에 밴 행동

사회 風 習
風 바람 풍

풍습 : 옛날부터 전해 오는 생활 습관이나 행동

도덕 校 服
校 학교 교

교복 : 학교에서 학생들이 입도록 정한 옷

사회 韓 服
韓 한국 한

한복 : 우리나라의 고유한 옷

도덕 克 服
克 이길 극

극복 : 어렵고 힘든 일을 이겨냄

쓰는 순서에 맞게 예쁘게 따라 쓰세요.

총 11획	習 習 習 習 習 習 習 習 習 習 習						
習 익힐 습	習	習					

총 8획	服 服 服 服 服 服 服 服						
服 옷 복	服	服					

6

太
畫
衣
朝
號
陽
習
服

 다음 한자의 훈(뜻)과 음(소리)을 쓰세요.

服 훈 _____ 음 _____

習 훈 _____ 음 _____

 다음 밑줄 친 한자어의 독음(읽는 소리)을 쓰세요.

01 언니가 다니는 중학교는 校服이 아주 예쁩니다. → ☐

02 매일매일 배운 것을 復習하는 習慣을 길러야 합니다. → ☐ ☐

03 우리는 어려움을 克服하기 위해 노력해야 합니다. → ☐

04 추석에는 송편을 먹는 風習이 있습니다. → ☐

연습문제

1 마우이가 던진 훈음이 적힌 턱뼈를 물고기가 물었어요. 물고기 배에 어떤 한자인지 써보세요.

옷 복　　　익힐 습　　　옷 의　　　그림 화

2 다음 한자 어원과 관련 있는 글자를 찾아 연결하고 빠진 획을 완성한 후, 훈(뜻)과 음(소리)을 쓰세요.

大　　　卓　　　号　　　易　　　白

3 다음 자모를 조합하여 한자어의 독음을 쓰고 빈칸에 한자로 써보세요.

衣 習 朝 號 陽

석 양	탈	선 풍	암
夕陽	脫	鮮 風	暗

4 마우이가 잡은 물고기가 변한 북섬의 모습이에요. 독음을 보고 숨어 있는 한자를 찾아 빈칸에 쓰세요.

- 화가 [   ]
- 태양 [   ]
- 한복 [   ]

뉴질랜드신화 : 섬을 낚은 마우이 **89**

1 다음 밑줄 친 한자어의 음(소리)을 쓰세요.

01 우리반은 <u>學習</u> 태도가 좋아 선생님들이 모두 칭찬하십니다. ☐

02 그는 유명 <u>畫家</u>의 작품 수십 점을 미술관에 기증했습니다. ☐

03 다음주부터 <u>夏服</u>을 입고 등교할 수 있습니다. ☐

2 다음 한자의 훈(뜻)과 음(소리)을 쓰세요.

01 號 훈 _____ 음 _____

02 朝 훈 _____ 음 _____

03 太 훈 _____ 음 _____

04 服 훈 _____ 음 _____

3 한자와 뜻이 반대(또는 상대)되는 한자를 골라 그 번호를 쓰세요.

01 陰 그늘 음[준4급]

❶ 場 ❷ 陽 ❸ 郡 ❹ 物 ☐

02 夕 저녁 석[7급]

❶ 韓 ❷ 旗 ❸ 朝 ❹ 明 ☐

4 한자와 뜻이 같거나 비슷한 것을 골라 그 번호를 쓰세요.

01 衣

❶ 所 ❷ 動 ❸ 頭 ❹ 服 ☐

02 圖 그림 도[준6급]

❶ 書 ❷ 事 ❸ 畫 ❹ 業 ☐

5 성어의 빈칸 안에 알맞은 한자를 보기 에서 찾아 그 번호를 쓰세요.

보기 ❶ 衣 ❷ 朝 ❸ 飲 ❹ 親

01 花☐月夕 : 꽃이 핀 아침과 달 밝은 저녁, 경치가 가장 좋은 때.
　화　월 석

02 好☐好食 : 좋은 옷과 좋은 음식, 풍족하게 잘 사는 모습.
　호　호 식

6 다음 한자의 진하게 표시한 획은 몇 번째 쓰는지 보기 에서 찾아 그 번호를 쓰세요.

보기
❶ 첫 번째　　❷ 두 번째
❸ 세 번째　　❹ 네 번째
❺ 다섯 번째　❻ 여섯 번째
❼ 일곱 번째　❽ 여덟 번째
❾ 아홉 번째　❿ 열 번째

01 陽 ☐　**02** 畫 ☐　**03** 號 ☐

1 ▨ 안의 한자의 음(소리)으로 알맞은 것을 찾아 번호를 쓰세요.

01 朝 ☐
    ❶ 도   ❷ 조   ❸ 한   ❹ 명

02 陽 ☐
    ❶ 영   ❷ 장   ❸ 양   ❹ 상

03 號 ☐
    ❶ 훈   ❷ 복   ❸ 호   ❹ 화

2 보기 의 단어들과 가장 관련이 깊은 한자를 고르세요.

보기   전시회   도화지   붓

01 ❶ 畫 ❷ 農 ❸ 車 ❹ 東 ☐

보기   그림자   선글라스   해바라기

02 ❶ 綠 ❷ 號 ❸ 陽 ❹ 根 ☐

3 ▨ 안의 한자어의 독음(소리)으로 알맞은 것을 고르세요.

01 전교회장선거에서 記號 2번이 당선되었습니다. ☐
    ❶ 호수   ❷ 기호   ❸ 번호   ❹ 차례

02 삼촌은 평상시에 생활 韓服 을 즐겨 입습니다. ☐
    ❶ 교복   ❷ 한복   ❸ 양복   ❹ 정장

4 ▨ 안의 뜻을 가진 한자를 보기 에서 찾아 쓰세요.

보기   習 陽 衣 朝 晝

01 **아침** 일찍 일어나 아빠와 자전거를 타기로 했습니다. ☐

02 우리 형은 취업하기 위해 전문 기술을 **익히고** 있습니다. ☐

03 날씨가 추워져서 긴 팔 **옷** 으로 갈아입었습니다. ☐

5 보기 의 뜻을 참고하여 ○ 안에 공통으로 들어갈 한자를 쓰세요.

보기
  ❶ ○陽 : 태양계의 중심이 되는 항성
  ❷ ○平 : 마음에 아무 근심 걱정이 없음

01 ☐

보기
  ❶ 內○ : 겉으로 보이지 않게 속에 입는 옷
  ❷ 洋○ : 서양식 의복, 남성의 서양식 정장

02 ☐

죽어서도 왕이 된 오시리스

옛古 이집트의 왕 오시리스는 수십 년 동안 법도度에 어긋남 없이 나라를 잘 다스렸어요.
하지만 질투가 많았던多 남동생에게 죽임을 당하여 그의 시체 상자는 나일강에 버려졌어요.
상자가 흘러 흘러 비블로스 지역에 이르자 무화과나무樹에 에워싸이면서 점점 거대해졌어요.

문장 힌트를 읽고 그림 속에 숨은 한자를 찾아봅시다.

古 度 多 樹 章 京 愛 醫 禮

92 쑥쑥 급수한자 6급 ①

동생은 부하가 보낸 편지 글章을 보고 상경京하여, 오시리스의 시체를 훔쳐 온 나라에 뿌려버렸어요. 오시리스의 아내는 사랑愛하는 남편의 시체를 모아 신묘한 의술을 가진 의원醫에게 가져갔어요. 예禮를 갖추어 부활 의식을 거행했지만 그대로 죽은 자들의 나라 안에서 왕으로 살게 되었어요.

이집트 오시리스 신화 : 오시리스는 이집트의 왕이자 부활과 생명의 신이에요. 그는 동생에 의해 살해당했지만, 아내의 부활 의식 덕분에 저승 세계에서도 왕이 되어 죽은 사람을 재판하고 부활시키는 역할을 맡게 되었어요. 고대 이집트 사람들은 저승 세계의 존재를 믿었기 때문에 이러한 오시리스를 부활과 생명의 신으로 추앙하게 되었답니다.

그는 **예(禮)**절의 중요함에 대해 다섯 **문장(章)**의 글을 썼어요.

글 장

부수 立(설 립)
획수 총 11획
中 章(zhāng) 짱*

韋 章 章
音 + 十 회의

'글 장'은 도구를 활용하여 노예의 몸에 문신을 새기는 도구를 그린 모양으로 표시한다는 의미로 사용되다가 지금은 글, 문장이라는 의미를 가지게 되었어요.

예도 례

부수 示(보일 시)
획수 총 18획
中 礼(lǐ) 리

禮 禮
示 + 豊 회의

'예도 례'는 제단과 그릇에 곡식이 가득 담겨있는 모습을 그린 모양으로 예절이라는 의미를 가지고 있어요.

교과서 속 숨은 한자

文 **章**

文 글월 문

문장 : 말과 글로 표현할 때 완결된 내용을 나타내는 최소의 단위

圖 **章**

圖 그림 도

도장 : 개인, 단체 등이 이름을 새겨 문서에 찍도록 만든 물건

勳 **章**

勳 공 훈

훈장 : 나라에 공을 세운 사람에게 주는 물건

禮 節

'禮(례)'가 단어 첫머리에 올 때는 '예'로 읽어요.

節 마디 절

예절 : 예의에 관한 절차나 질서

失 **禮**

失 잃을 실

실례 : 말이나 행동이 예의에 벗어남

目 **禮**

目 눈 목

목례 : 눈으로 예절을 표함

쓰는 순서에 맞게 예쁘게 따라 쓰세요.

총 11획	章 章 章 章 章 章 音 音 音 章 章					
章 글 장	章	章				

총 18획	禮 禮 禮 禮 禮 禮 禮 禮 禮 禮 禮 禮 禮 禮 禮 禮 禮 禮					
禮 예도 례	禮	禮				

그림을 보고 유추할 수 있는 한자를 찾아 ○표 하고 훈(뜻)과 음(소리)을 쓰세요.

禮 ┊ 農

훈 _____ 음 _____

章 ┊ 意

훈 _____ 음 _____

다음 문장을 읽고 밑줄 친 글자를 보기 에서 찾아 한자로 바꾸어 쓰세요.

보기   文章   圖章   目禮   失禮

친구에게 ❶ **실례**되는 말을 해서 선생님께 혼이 났어요. 선생님께서 반성문 열 ❷ **문장**을
쓰고 검사를 받으라고 하셨어요. 교무실에 가서 ❸ **목례**를 하고 ❹ **도장**을 받았어요.

❶ [   ]   ❷ [   ]   ❸ [   ]   ❹ [   ]

고(古)대 사회에도 다양한 제도(度)가 있었어요.

옛 고

부수	口(입 구)
획수	총 5획
中	古(gǔ) ㄱ

十 + 口 회의

'옛 고'는 방패와 입을 그린 모양으로 오래전에 있었던 전쟁 이야기를 한다는 의미로 옛날, 예전이라는 의미를 가지고 있어요.

법도 도

부수	广(집 엄)
획수	총 9획
中	度(dù) ㄸ

广 + 廿 + 又 형성

'법도 도'는 집 주위로 돌멩이를 던지는 모습을 그린 모양으로 길이를 잰다는 뜻인데, 이후에 법도나 법이라는 의미를 가지게 되었어요.

교과서 속 숨은 한자

국어

古 代
代 대신할 대

고대 : 아주 먼 옛날

도덕

古 書
書 글 서

고서 : 옛날 책

국어

古 宮
宮 집 궁

고궁 : 옛날에 임금이 살았던 집

수학

角 度
角 뿔 각

각도 : 한 점에서 갈리어 나온 두 직선이 벌어진 정도

과학

程 度
程 헤아릴 정

정도 : 사물의 수준이나 정도

국어

態 度
態 모습 태

태도 : 일을 대하는 자세나 마음가짐

쓰는 순서에 맞게 예쁘게 따라 쓰세요.

총 5획 古 古 古 古 古

古	古	古				
옛 고						

총 9획 度 度 度 度 度 度 度 度 度

度	度	度				
법도 도						

 다음 한자와 소리는 같지만 뜻이 다른 한자를 찾아보세요.

古 ⓐ 各 ⓑ 高 ⓒ 苦   度 ⓐ 圖 ⓑ 庭 ⓒ 道

 다음 의미에 해당하는 한자어를 찾아 ○표 하세요.

01 일을 대하는 자세나 마음가짐   態度 ┊ 太度

02 한 점에서 갈리어 나온 두 직선이 벌어진 정도   程度 ┊ 角度

03 아주 먼 옛날   現代 ┊ 古代

04 옛날에 임금이 살았던 집   古宮 ┊ 古室

친구에게 **다(多)**정한 말투로 **경(京)**기도의 역사를 소개해주었어요.

많을 다

부수	夕(저녁 석)
획수	총 6획
中	多(duō) 뚸어

夕 + 夕 회의

'많을 다'는 두 덩어리의 고기를 그린 모양으로 고기가 쌓여 있을 정도로 많다는 의미를 가지고 있어요.

서울 경

부수	亠(돼지해머리)
획수	총 8획
中	京(jīng) 찡

상형

'서울 경'은 기둥 위에 세워진 큰 건축물을 그린 모양으로 크다는 의미였다가 나중에 도읍이나 수도라는 의미를 가지게 되었어요.

교과서 속 숨은 한자

도덕

多 情   情 뜻 정

다정 : 정이 많음

국어

多 少   少 적을 소

다소 : 많고 적음, 어느 정도

도덕

多 文 化   文 글월 문
化 될 화

다문화 : 한 사회 안에 여러 민족이나 나라의 문화가 뒤섞여 있음

국어

上 京   上 윗 상

상경 : 지방에서 서울로 감

사회

京 城   城 성 성

경성 : 서울의 옛 이름

사회

京 畿 道   畿 경기 기
道 길 도

경기도 : 우리나라 중서부에 있는 도

쓰는 순서에 맞게 예쁘게 따라 쓰세요.

총 6획 多 多 多 多 多 多

多						
많을 다						

총 8획 京 京 京 京 京 京 京 京

京						
서울 경						

다음 한자에 해당하는 음을 찾아 ○표 하세요.

 京 경 동

 多 다 석

다음 빈칸에 들어갈 알맞은 한자어를 보기 에서 찾아 번호를 쓰세요.

보기 ❶ 多情　❷ 京畿道　❸ 京城　❹ 多文化

01 일제강점기에는 서울을 [ ]이라고 불렀습니다.

02 친구와 나는 [ ]하게 손을 잡고 하교했습니다.

03 수원시는 [ ]에 속하는 도시입니다.

04 우리 학교에서는 [ ]수업을 진행하고 있습니다.

章 禮 古 度 多 京 醫 愛 樹

의(醫)사가 되려면 애(愛)민 정신이 있어야 해요.

醫
의원 의

부수	酉(닭 유)
획수	총 18획
中	医(yī) 이

醫　醫

殹 + 酉 회의

'의원 의'는 몽둥이와 화살, 술그릇을 그린 모양으로 다친 부위를 소독용 술로 치료한다는 의미를 가지고 있어요.

愛
사랑 애

부수	心(마음 심)
획수	총 13획
中	爱(ài) 아이

爪 + 冖 + 心 + 夊 회의

'사랑 애'는 사람의 가슴에 심장이 들어가 있는 모습을 그린 모양으로 사랑한다는 의미를 가지고 있어요.

교과서 속 숨은 한자

국어

醫 師　師 스승 사

의사 : 병을 고치는 사람

국어

名 醫　名 이름 명

명의 : 병을 잘 고쳐서 이름난 의사

사회

醫 院　院 집 원

의원 : 의사가 아픈 사람을 고치는 곳

과학

愛 情　情 뜻 정

애정 : 사랑하는 마음

도덕

友 愛　友 벗 우

우애 : 형제나 친구 사이의 사랑이나 정

도덕

愛 犬　犬 개 견

애견 : 개를 귀여워 함 또는 그 개

쓰는 순서에 맞게 예쁘게 따라 쓰세요.

총 18획 醫 醫 醫 醫 醫 醫 醫 醫 醫 醫 醫 醫 醫 醫 醫 醫 醫 醫

醫	醫	醫				
의원 의						

총 13획 愛 愛 愛 愛 愛 愛 愛 愛 愛 愛 愛 愛 愛

愛	愛	愛				
사랑 애						

 다음 한자의 훈(뜻)과 음(소리)을 쓰세요.

醫 훈 _____ 음 _____

愛 훈 _____ 음 _____

 다음 밑줄 친 한자어의 독음(읽는 소리)을 쓰세요.

01 허준은 조선 시대의 名醫입니다. →

02 우리 형제는 友愛가 아주 좋습니다. →

03 나의 꿈은 아픈 사람을 치료하는 醫師가 되는 것입니다. →

04 모든 일에 愛情을 가지고 해야 합니다. →

수(樹)목원에는 활엽수(樹), 침엽수(樹) 등 다양한 나무가 있어요.

나무 수

부수	木(나무 목)
획수	총 16획
中	樹(shù) 수*

木 + 尌 형성

'나무 수'는 묘목을 심는 모습을 그린 모양으로 나무, 세운다는 의미를 가지고 있어요.

풍수지탄 風 樹 之 歎

바람 풍   나무 수   어조사 지   탄식할 탄

*부모(父母)에게 효도(孝道)를 다하려고 생각할 때에는 이미 돌아가셔서 그 뜻을 이룰 수 없음을 이르는 말.

교과서 속 숨은 한자

도덕

樹 立   효 설 립

수립 : 나무를 세우다라는 뜻으로 나라나 계획을 세움

수학

街 路 樹   街 거리 가
            路 길 로

가로수 : 길거리에 심은 나무

사회

果 樹 園   果 실과 과
            園 동산 원

과수원 : 과일나무를 심어 놓은 밭

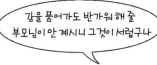

감을 품어가도 반가워 해 줄
부모님이 안 계시니 그것이 서럽구나

풍수지탄

쓰는 순서에 맞게 예쁘게 따라 쓰세요.

| 총 16획 | 樹 樹 樹 樹 樹 樹 樹 樹 樹 樹 樹 樹 樹 樹 樹 樹 |

樹	樹	樹				
나무 수						

그림을 보고 유추할 수 있는 한자를 찾아 ○표 하고 훈(뜻)과 음(소리)을 쓰세요.

樹 ┊ 術

훈 _____ 음 _____

다음 한자와 소리는 같지만 뜻이 다른 한자를 찾아보세요.

樹 　ⓐ 永　ⓑ 植　ⓒ 數

다음 의미에 해당하는 한자어를 찾아 ○표 하세요.

01 나무를 세우다라는 뜻으로 나라나 계획을 세움

樹立 ┊ 數立

02 길거리에 심은 나무

街路樹 ┊ 街路手

03 과일나무를 심어 놓은 밭

科樹園 ┊ 果樹園

연습문제

1 나일강에 상자가 떠내려 오고 있어요. 상자에 적힌 글자를 보고 훈(뜻)과 음(소리)을 써보세요.

2 다음 한자 어원과 관련 있는 글자를 찾아 연결하고 훈(뜻)과 음(소리)을 쓰세요.

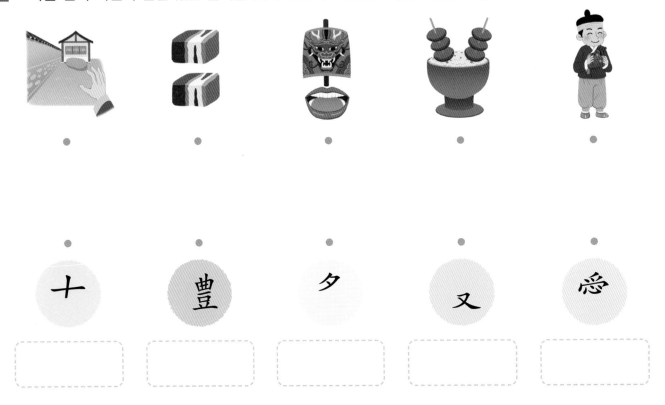

十

豊

夕

又

愛

3 한자 카드로 한자어를 만들다가 바람이 불어 모두 흩어지고 말았어요. 만들려고 한 한자어는 무엇인지 쓰세요.

말과 글로 표현할 때 완결된 내용을 나타내는 최소의 단위

아주 먼 옛날

지방에서 서울로 감

사랑하는 마음

4 이시스가 오시리스를 위해 부활 의식을 하고 있어요. 부활의식을 완성하기 위해서는 오시리스의 몸 위에 있는 한자어를 완성해야 해요. 사람들이 가지고 있는 한자에서 찾아 쓰세요.

이집트신화 : 죽어서도 왕이 된 오시리스 **105**

1 다음 밑줄 친 한자어의 음(소리)을 쓰세요.

01 컴퓨터 자판을 치는 **速度**가 많이 빨라졌습니다. ☐

02 **愛國歌**를 4절까지 외워 부를 수 있습니다. ☐

03 엄마는 초인종 소리를 듣고 **多急**하게 뛰어 나가셨습니다. ☐

2 다음 한자의 훈(뜻)과 음(소리)을 쓰세요.

01 章 훈_____ 음_____

02 禮 훈_____ 음_____

03 京 훈_____ 음_____

04 樹 훈_____ 음_____

3 한자와 뜻이 반대(또는 상대)되는 한자를 골라 그 번호를 쓰세요.

01 今 이제 금[준6급]
❶苦 ❷老 ❸古 ❹高 ☐

02 少 적을 소[7급]
❶夕 ❷外 ❸名 ❹多 ☐

4 다음 한자와 뜻이 같거나 비슷한 것을 골라 그 번호를 쓰세요.

01 木 나무 목[8급]
❶村 ❷樹 ❸和 ❹科 ☐

02 文 글월 문[7급]
❶幸 ❷草 ❸章 ❹半 ☐

5 성어의 빈칸 안에 알맞은 한자를 보기에서 찾아 그 번호를 쓰세요.

보기 ❶多 ❷古 ❸度 ❹京

01 東西☐今 : 동양과 서양, 그리고
동 서   금   옛날과 오늘. 언제 어
              디서나

02 千萬☐幸 : 매우 다행함.
천 만   행

6 다음 한자의 진하게 표시한 획은 몇 번째 쓰는지 보기에서 찾아 그 번호를 쓰세요.

❶ 첫 번째	❷ 두 번째
❸ 세 번째	❹ 네 번째
❺ 다섯 번째	❻ 여섯 번째
❼ 일곱 번째	❽ 여덟 번째
❾ 아홉 번째	❿ 열 번째

보기

01 度☐ 02 醫☐ 03 禮☐

1 ▨ 안의 한자의 음(소리)으로 알맞은 것을 찾아 번호를 쓰세요.

01 度 ▢

❶ 도   ❷ 두   ❸ 다   ❹ 당

02 愛 ▢

❶ 예   ❷ 의   ❸ 애   ❹ 우

03 古 ▢

❶ 구   ❷ 합   ❸ 고   ❹ 경

2 [보기] 의 단어들과 가장 관련이 깊은 한자를 고르세요.

[보기]   종이   산   나이테

01 ❶ 風 ❷ 愛 ❸ 樹 ❹ 等   ▢

[보기]   청진기   주사   허준

02 ❶ 禮 ❷ 醫 ❸ 區 ❹ 頭   ▢

3 ▨ 안의 한자어의 독음(소리)으로 알맞은 것을 고르세요.

01 多情 하게 지내는 형제의 모습이 보기 좋습니다. ▢

❶ 친근   ❷ 행복   ❸ 화목   ❹ 다정

02 文章 은 쉽게 써야 합니다. ▢

❶ 문장   ❷ 해석   ❸ 과정   ❹ 소설

4 ▨ 안의 뜻을 가진 한자를 [보기] 에서 찾아 쓰세요.

[보기]   古 多 禮 京 愛

01 남산 타워에 오르면 **서울** 시내가 한 눈에 보입니다. ▢

02 10년 만에 만난 친구는 **옛** 모습 그대로였습니다. ▢

03 우리 부모님은 항상 저를 아끼고 **사랑** 하십니다. ▢

5 [보기] 의 뜻을 참고하여 ○ 안에 공통으로 들어갈 한자를 쓰세요.

[보기]
❶ 名 ○ : 병을 잘 고쳐 이름난 의사
❷ ○ 師 : 병을 고치는 것을 직업으로 하는 사람

01 ▢

[보기]
❶ 溫 ○ : 따뜻함과 차가움의 정도
❷ 角 ○ : 한 점에서 갈려 나간 두 직선의 벌어진 정도

02 ▢

7

章禮古度多京醫愛樹

해와 달이 된 쌍둥이

쌍둥이 우나푸 형제는 매일 낮晝에 길路가에서 공놀이를 하며 시끄럽게 놀았어요.

화가 난 지하세계 신들은 밤夜에 쌍둥이를 지하세계로 데려와 차례番로 죽이고 말았어요.

신들은 우나푸의 머리를 동산園의 오얏李나무에 걸어두었는데 얼마 후 열매가 열렸어요.

문장 힌트를 읽고 그림 속에 숨은 한자를 찾아봅시다.

晝 路 夜 番 園 李 朴 通 永

108

열매를 따러 온 순박朴한 여인에게 우나푸가 침을 뱉자 여인이 임신해서 쌍둥이를 낳았어요.

신들은 쌍둥이를 또 죽이려고 했지만, 쌍둥이는 신들의 시험을 지혜롭게 통通과했어요.

신과의 대결에서 승리한 쌍둥이는 해와 달이 되어 세상을 영永원히 비추게 되었어요.

중앙아메리카 우나푸 신화 : 쌍둥이 우나푸 형제의 전설은 마야문명에서 가장 유명한 영웅 신화예요. 우나푸 형제는 지하세계 신들의 심기를 건드려 죽음에 이르렀어요. 하지만 우여곡절 끝에 신비로운 부활하고 결국 인간이 사는 지상의 세계를 벗어나 해와 달이 되었어요. 그들이 하늘의 빛이 되어 세상을 비추는 신화적 결말은 마야 사람들의 부활과 영원에 대한 간절한 희망을 표현하고 있답니다.

晝 園 路 永 朴 通 夜 番 李

주(晝)간에는 공원(園)의 입장료가 무료예요.

부수	日(날 일)
획수	총 11획
中	昼(zhòu) 쪼우*

晝
낮 주

'낮 주'는 손에 붓을 쥐고 있는 손 아래에 해를 그린 모양으로 공부하기 좋은 낮이라는 의미를 가지고 있어요.

聿 + 日 + 一 회의

부수	囗(큰입구 몸)
획수	총 13획
中	园(yuán) 위엔

園
동산 원

囗 + 袁 형성

'동산 원'은 안전한 담과 헐렁한 옷을 그린 모양으로 여유를 찾기 위해 휴식을 취하는 곳인 동산이나 뜰이라는 의미를 가지고 있어요.

교과서 속 숨은 한자

국어

晝 間　間 사이 간

주간 : 낮동안

사회

晝 夜　夜 밤 야

주야 : 낮과 밤

국어

白 晝　白 흰 백

백주 : 대낮

도덕

花 園　花 꽃 화

화원 : 꽃밭

과학

公 園　公 공평할 공

공원 : 여러 사람이 이용할 수 있게 만든 정원

국어

動 物 園　動 움직일 동
　　　　　　物 물건 물

동물원 : 여러 동물을 기르면서 사람들에게 구경시켜 주는 곳

쓰는 순서에 맞게 예쁘게 따라 쓰세요.

총 11획 　晝 晝 晝 晝 晝 晝 晝 晝 晝 晝 晝

晝	晝	晝				
낮 주						

총 13획 　園 園 園 園 園 園 園 園 園 園 園 園 園

園	園	園				
동산 원						

 그림을 보고 유추할 수 있는 한자를 찾아 ○표 하고 훈(뜻)과 음(소리)을 쓰세요.

遠	園

훈 _____ 음 _____

晝	晝

훈 _____ 음 _____

 다음 문장을 읽고 밑줄 친 한자어의 독음(읽는 소리)을 쓰세요.

우리 오빠는 오늘 ❶晝間근무예요. 퇴근 후에 나와 ❷公園도 가고 ❸動物園도 갔는데, 아직도 ❹白晝 대낮이에요.

❶ [　　　]　　❷ [　　　]　　❸ [　　　]　　❹ [　　　]

진로(路)에 대한 걱정은 영(永)원히 사라지지 않아요.

길 로

부수	足(발 족)
획수	총 13획
中	路(lù) 루

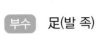

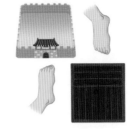

足 + 各 회의

'길 로'는 성을 향해 진격하는 발과 도착하는 발을 그린 모양으로 오고 가는 길이라는 의미를 가지고 있어요.

길 영

부수	水(물 수)
획수	총 5획
中	永(yǒng) 용

상형

'길 영'은 큰 물줄기가 작은 하천이 되어 뻗어 나가는 것을 그린 모양으로 멀다, 길다라는 의미가 있어요

교과서 속 숨은 한자

도덕

進 路

進 나아갈 진

진로 : 앞으로 나아갈 길

국어

線 路

線 줄 선

선로 : 기차가 다닐 수 있도록 만들어 놓은 길

과학

道 路

道 길 도

도로 : 사람이나 차가 다니는 길

사회

永 久

久 오랠 구

영구 : 오랫동안 이어짐

국어

永 永

영영 : 오래오래, 영원히

국어

永 遠

遠 멀 원

영원 : 끝없이 이어지고 변하지 않음

쓰는 순서에 맞게 예쁘게 따라 쓰세요.

총 13획 路 路 路 路 路 路 路 路 路 路 路 路 路

路	路	路				
길 로						

총 5획 永 永 永 永 永

永	永	永				
길 영						

8
畫 園 路 永 朴 通 夜 番 李

 다음 한자와 소리는 같지만 뜻이 다른 한자를 찾아보세요.

永 ⓐ 英 ⓑ 水 ⓒ 木   路 ⓐ 老 ⓑ 黃 ⓒ 道

 다음 의미에 해당하는 한자어를 찾아 〇표 하세요.

01 앞으로 나아갈 길 　　　　　 進度 ┊ 進路

02 기차가 다닐 수 있도록 만들어 놓은 길 　　　 線路 ┊ 船路

03 오래오래, 영원히 　　　　　 永永 ┊ 水水

04 끝없이 이어지고 변하지 않음 　　　 永園 ┊ 永遠

친구와 나는 소**박(朴)**한 성격을 가진 것이 공**통(通)**점이에요.

성씨 박

부수	木(나무 목)
획수	총 6획
中	朴(piáo) 피아오

木 + 卜 형성

'성씨 박'은 나무와 거북의 배딱지를 그린 모양으로 거북의 등처럼 갈라진 후박나무의 특징을 그린 모양이에요. 성씨라는 의미를 가지고 있어요.

통할 통

부수	辶(책받침)
획수	총 11획
中	通(tōng) 퉁

辶 + 甬 형성

'통할 통'은 길과 고리가 있는 종을 그린 모양으로 속이 텅 빈 종처럼 길이 뻥 뚫려 있다, 통한다는 의미를 가지고 있어요.

교과서 속 숨은 한자

수학
朴 氏   氏 성씨 씨

박씨 : 성이 박씨인 사람

사회
素 朴   素 흴 소

소박 : 꾸밈이 없고 자연스러움

국어
淳 朴   淳 순박할 순

순박 : 순수하고 착함

사회
通 路   路 길 로

통로 : 지나다니는 길

과학
共 通   共 함께 공

공통 : 여럿 사이에 같거나 비슷한 것

과학
通 信   信 믿을 신

통신 : 우편이나 전신, 전화 등으로 정보나 의사를 전달함

쓰는 순서에 맞게 예쁘게 따라 쓰세요.

총 6획	朴 朴 朴 朴 朴 朴						
朴	朴	朴					
성씨 박							

총 11획	通 通 通 通 通 通 通 通 通 通 通						
通	通	通					
통할 통							

8

畫 園 路 永 朴 通 夜 番 李

 다음 한자에 해당하는 음을 찾아 ○표 하세요.

 朴 박 ┆ 휴

 通 운 ┆ 통

 다음 빈칸에 들어갈 알맞은 한자어를 보기 에서 찾아 번호를 쓰세요.

보기 ❶ 朴氏   ❷ 通信   ❸ 素朴   ❹ 共通

01 내 친구는 [   ] 하고 꾸밈이 없는 성격입니다.

02 박혁거세는 [   ] 의 시조입니다.

03 나와 내 친구는 [   ] 점이 아주 많습니다.

04 [   ] 의 발달로 전 세계 사람들과 쉽게 연락을 할 수 있습니다.

야(夜)간 입장을 위해 번(番)호표를 받았어요.

밤 야

부수	夕(저녁 석)
획수	총 8획
中	夜(yè) 예

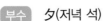

夕 + 亦 형성

'밤 야'는 사람의 양 겨드랑이와 저녁달을 그린 모양으로 달빛조차 보이지 않는 깜깜한 어두움이라는 의미를 가지고 있어요.

차례 번

부수	田(밭 전)
획수	총 12획
中	番(fān) 판

采 + 田 회의

'차례 번'은 논밭 위로 찍혀 있는 동물의 발자국을 그린 모양으로 논밭에 동물의 발자국이 차례로 찍혀있다는 의미에서 차례, 횟수라는 의미를 가지고 있어요.

교과서 속 숨은 한자

국어
 夜 景　　景 경치 경

야경 : 밤의 경치

사회
夜 光　　光 빛 광

야광 : 어두운 곳에서 빛을 냄

수학
 夜 間　　間 사이 간

야간 : 밤 동안

사회
 番 號　　號 이름 호

번호 : 차례를 나타내는 숫자

과학
 每 番　　每 매양 매

매번 : 각각의 차례

국어
當 番　　當 마땅할 당

당번 : 일을 하는 차례가 된 사람

쓰는 순서에 맞게 예쁘게 따라 쓰세요.

총 8획 夜 夜 夜 夜 夜 夜 夜 夜

夜	夜	夜				
밤 야						

총 12획 番 番 番 番 番 番 番 番 番 番 番 番

番	番	番				
차례 번						

다음 한자의 훈(뜻)과 음(소리)을 쓰세요.

夜   훈 _____ 음 _____

番   훈 _____ 음 _____

다음 밑줄 친 한자어의 독음(읽는 소리)을 쓰세요.

01 夜間 행사에 참여하는 학생의 수가 더 많습니다.   → _____

02 나는 番號가 1번입니다.   → _____

03 오늘 우리반 회의에서 청소 當番을 정했습니다.   → _____

04 언니의 夜光 팔찌는 빛이 없어도 밝게 빛이 납니다.   → _____

이(李)순신은 임진왜란 때 우리 나라를 지킨 영웅이에요.

李
오얏 리

부수　木(나무 목)
획수　총 7획
中　李(lǐ) 리

木 + 子 회의

'오얏 리'는 과일을 많이 맺는 자두나무에 빗대어 마치 나무가 아이를 낳는 듯한 모습을 그린 모양으로 자두나무 혹은 성씨라는 의미를 가지고 있어요.

이하부정관 李 下 不 整 冠
오얏 리　아래 하　아닐 부 가지런할 정　갓 관

＊자두나무 밑에서 갓을 고쳐 쓰지 말라는 뜻으로, 남에게 의심 살 만한 일은 피하는 것이 좋음을 비유적으로 이르는 말.

교과서 속 숨은 한자

수학
李 氏
氏 성씨 씨
'李(리)'는 단어 첫머리에 올 때는 '이'로 읽어요.

이씨 : 성이 이씨인 사람

국어
李 白
白 흰 백

이백 : 중국 당나라 시대의 시인

사회
李 舜 臣
舜 순임금 순
臣 신하 신

이순신 : 조선 시대의 장군

오얏나무 아래서
갓을 고쳐쓰지 말라고 했지..

쓰는 순서에 맞게 예쁘게 따라 쓰세요.

| 총 7획 | 李 | 李 | 李 | 李 | 李 | 李 | 李 |

李	李	李					
오얏 리							

 그림을 보고 유추할 수 있는 한자를 찾아 ○표 하고 훈(뜻)과 음(소리)을 쓰세요.

孝　李

훈 _____　음 _____

 다음 한자와 소리는 같지만 뜻이 다른 한자를 찾아보세요.

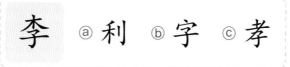

李　ⓐ 利　ⓑ 字　ⓒ 孝

 다음 문장을 읽고 밑줄 친 한자어의 독음(읽는 소리)을 쓰세요.

오늘은 성씨에 대해서 배웠어요. 나는 성이 ❶ <u>李氏</u>여서 ❶ <u>李氏</u>에 관심이 많았어요. 특히 ❷ <u>李舜臣</u>은 한국 사람이고 ❸ <u>李白</u>은 중국 사람인데 모두 성이 ❶ <u>李氏</u>라는 점이 가장 흥미로웠어요.

❶ [　　]　　❷ [　　]　　❸ [　　]

畫園路永朴通夜番李

연습문제

1 우나푸 형제가 공놀이를 하고 있어요. 튀고 있는 공 중에서 보기의 음에 해당하는 한자를 찾아 같은 색으로 칠하세요.

2 다음 한자 어원과 관련 있는 글자를 찾아 연결하고 빠진 획을 완성한 후, 훈(뜻)과 음(소리)을 쓰세요.

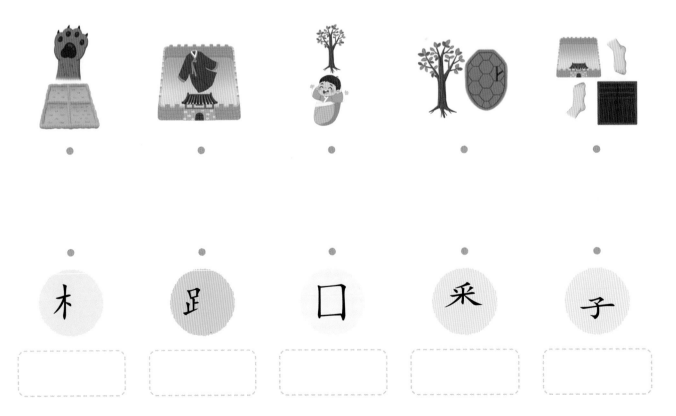

3 그림의 의미에 맞는 한자어를 찾아 O표 하고 독음(읽는 소리)을 쓰세요.

4 신들이 우나푸 형제의 머리를 걸어둔 나무에 열매가 열렸어요. 열매에 알맞은 한자를 쓰고, 여인의 몸에 적힌 힌트를 보고 어떤 열매가 우나푸 형제인지 찾아보세요.

1 다음 밑줄 친 한자어의 음(소리)을 쓰세요.

01 <u>公園</u>에 운동하러 나온 사람들이 많습니다. ☐

02 사막에서는 낙타가 중요한 <u>交通</u> 수단입니다. ☐

03 동대문시장은 <u>夜間</u>에도 많은 사람들로 붐빕니다. ☐

2 다음 한자의 훈(뜻)과 음(소리)을 쓰세요.

01 李 훈 _____ 음 _____

02 晝 훈 _____ 음 _____

03 永 훈 _____ 음 _____

04 朴 훈 _____ 음 _____

3 한자와 뜻이 반대(또는 상대)되는 한자를 골라 그 번호를 쓰세요.

01 晝
❶ 球   ❷ 飮   ❸ 放   ❹ 夜   ☐

4 한자와 뜻이 같거나 비슷한 것을 골라 그 번호를 쓰세요.

01 道 길 도[준7급]
❶ 路   ❷ 老   ❸ 始   ❹ 各   ☐

02 第 차례 제[준6급]
❶ 果   ❷ 童   ❸ 省   ❹ 番   ☐

5 다음 성어의 빈칸 안에 알맞은 한자를 보기 에서 찾아 그 번호를 쓰세요.

보기   ❶ 使   ❷ 水   ❸ 夜   ❹ 永

01 晝 ☐ 長川 : 밤낮으로 쉬지 않고
   주   장 천   흐르는 시냇물과 같이 잇따름

02 ☐ 遠不變 : 영원히 변하지 아니함
   원 불 변

6 다음 한자의 진하게 표시한 획은 몇 번째 쓰는지 보기 에서 찾아 그 번호를 쓰세요.

보기	❶ 첫 번째	❷ 두 번째
	❸ 세 번째	❹ 네 번째
	❺ 다섯 번째	❻ 여섯 번째
	❼ 일곱 번째	❽ 여덟 번째
	❾ 아홉 번째	❿ 열 번째

01 晝 ☐   02 番 ☐   03 通 ☐

1 　안의 한자의 음(소리)으로 알맞은 것을 찾아 번호를 쓰세요.

01 路 ☐

❶ 명　　❷ 각　　❸ 로　　❹ 도

02 番 ☐

❶ 반　　❷ 번　　❸ 신　　❹ 심

03 朴 ☐

❶ 바　　❷ 목　　❸ 외　　❹ 박

2 보기 의 단어들과 가장 관련이 깊은 한자를 고르세요.

보기　　빨강　　이성계　　과일

01 ❶ 表　❷ 公　❸ 樂　❹ 李 ☐

보기　　달　　잠　　어두움

02 ❶ 晝　❷ 夜　❸ 明　❹ 朝 ☐

3 　안의 한자어의 독음(소리)으로 알맞은 것을 고르세요.

01 메모지에 전화 番號 를 받아 적었습니다. ☐

❶ 기호　❷ 기록　❸ 번호　❹ 호수

02 부모님의 은혜를 永遠 토록 잊지 않겠습니다. ☐

❶ 계속　❷ 지속　❸ 영원　❹ 수원

4 　안의 뜻을 가진 한자를 보기 에서 찾아 쓰세요.

보기　　朴 通 晝 路 番

01 할아버지는 매일 한 시간씩 **낮** 잠을 주무십니다. ☐

02 **차례** 대로 버스에 올랐습니다. ☐

03 준영이와 나는 마음이 잘 **통하는** 편입니다. ☐

5 보기 의 뜻을 참고하여 ◯ 안에 공통으로 들어갈 한자를 쓰세요.

보기　❶ 迷◯ : 어지럽게 갈래가 져서 빠져나오기 어려운 길
　　　❷ 通◯ : 통하여 다니는 길

01 ☐

보기　❶ 果樹◯ : 과실나무를 심은 밭
　　　❷ 花◯ : 꽃을 심은 동산

02 ☐

검을 뽑은 아서왕

우터왕은 호숫가를 지나 다니다가行 한 여인에게서 최고급級 검 엑스칼리버를 얻었어요.
세월이 흘러 그는 병病이 들었고 죽기 직전에 엑스칼리버를 거대한 바위에 찔러 넣었어요.
마법사 멀린은 그 검을 뽑는 사람者이 새로운 왕이 될 것이라고 예언했어요.

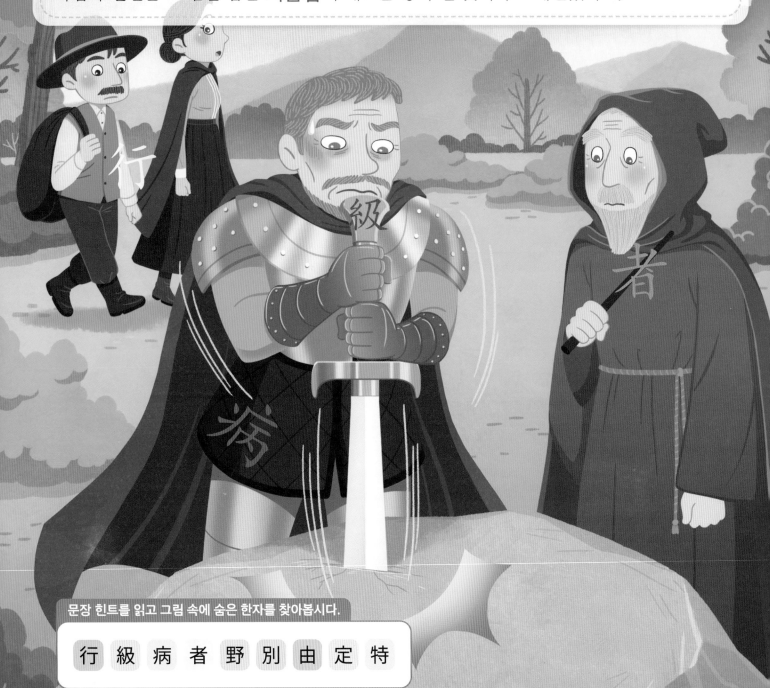

문장 힌트를 읽고 그림 속에 숨은 한자를 찾아봅시다.

行 級 病 者 野 別 由 定 特

수년 뒤, 우터왕의 아들 아서는 들판野에 나갔다가 다른別 누구도 뽑지 못한 검을 뽑았어요.
이로 말미암아由 아서는 새로운 왕으로 정定해졌고 기사들도 그에게 충성을 맹세했어요.
장성한 아서는 카멜롯 성을 지어 기사들과 함께 회의할 특별한特 원탁을 만들었어요.

영국 아서 신화 : 아서 신화는 엑스칼리버를 뽑아서 카멜롯의 왕이 된 아서와 원탁의 기사들이 함께
모험하며 활약한 이야기예요. 아서왕은 나중에 신하에게 배신당한 후 전투에서 싸우다가 큰 상처를
입었고 그 상처를 치유하기 위해 아발론이라는 신비의 섬으로 떠났다고 하는데요. 사람들은 언젠가
나라가 위기에 처하는 날이 오면 그가 다시 돌아와 자신들을 구해주리라고 믿었다고 해요.

오늘은 **특(特)**별한 **야(野)**외 활동을 하는 날이에요.

特 **특별할 특**	부수 牛(소 우) 획수 총 10획 中 特(tè) 트어

牛 + 寺 형성

'특별할 특'은 관청에서 제사에 사용하던 수소를 그린 모양으로 특별하다는 의미를 가지고 있어요.

野 **들 야**	부수 里(마을 리) 획수 총 11획 中 野(yě) 예

里 + 予 형성

'들 야'는 나무와 흙더미를 그린 모양으로 숲이 우거져 있는 들판이나 교외라는 의미를 가지고 있어요.

교과서 속 숨은 한자

과학
特 色 色 빛 색

특색 : 보통과 다름

국어
特 別 別 다를 별

특별 : 보통과 구별되게 다름

과학
特 徵 徵 부를 징

특징 : 다른 것과 다르게 특별하게 눈에 띄는 점

미술
野 外 外 바깥 외

야외 : 시가지에서 조금 멀리 떨어져 있는 들판

사회
平 野 平 평평할 평

평야 : 땅이 평평하고 넓은 들

국어
分 野 分 나눌 분

분야 : 여러 갈래로 나누어진 범위

쓰는 순서에 맞게 예쁘게 따라 쓰세요.

총 10획 特 特 特 特 特 特 特 特 特 特

特	特	特				
특별할 특						

총 11획 野 野 野 野 野 野 野 野 野 野 野

野	野	野				
들 야						

그림을 보고 유추할 수 있는 한자를 찾아 ○표 하고 훈(뜻)과 음(소리)을 쓰세요.

特　待

훈 _____ 음 _____

理　野

훈 _____ 음 _____

다음 문장을 읽고 밑줄 친 글자를 보기 에서 찾아 한자로 바꾸어 쓰세요.

보기　　分野　　野外　　特色　　特別

주말에 우리 가족은 ❶**특별**한 여행을 다녀왔어요. 장소마다 고유의 ❷**특색**이 있었고 여러 ❸**분야**를 체험할 수 있어서 좋았어요. 또 오랜만에 ❹**야외**로 나와서 기분이 좋았어요.

❶ [　] ❷ [　] ❸ [　] ❹ [　]

병(病)을 치료하기 위해 상급(級) 병원으로 갔어요.

病

병 병

- 부수 : 疒(병질 엄)
- 획수 : 총 10획
- 中 : 病(bìng) 삥

疒 + 丙 형성

'병 병'은 침대에 누워 땀을 흘리는 사람을 그린 모양으로 병, 앓는다는 의미를 가지고 있어요.

級

등급 급

- 부수 : 糸(실사변)
- 획수 : 총 10획
- 中 : 级(jí) 지

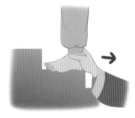

糸 + 及 형성

'등급 급'은 계단을 오르는 사람의 발목을 잡고 있는 모양으로 등급이라는 의미를 가지고 있어요.

교과서 속 숨은 한자

국어

病 院   院 집 원

병원 : 아픈 사람을 치료하는 곳

국어

問 病   問 물을 문

문병 : 아픈 사람을 찾아가서 위로함

국어

疾 病   疾 병 질

질병 : 온갖 병

수학

等 級   等 무리 등

등급 : 높고 낮음이나 좋고 나쁨의 차이를 구분한 것

사회

高 級   高 높을 고

고급 : 높은 등급

수학

學 級   學 배울 학

학급 : 같은 교실에서 배우는 학생의 집단

쓰는 순서에 맞게 예쁘게 따라 쓰세요.

총 10획 病 病 病 病 病 病 病 病 病 病

病	病	病				
병 병						

총 10획 級 級 級 級 級 級 級 級 級 級

級	級	級				
등급 급						

9

特
野
病
級
別
行
由
定
者

 다음 한자의 훈(뜻)과 음(소리)을 쓰세요.

級 → 훈 _____ 음 _____

病 → 훈 _____ 음 _____

 다음 밑줄 친 한자어의 독음(읽는 소리)을 쓰세요.

01 이번 시험에서 等級 이 낮게 나와서 기분이 좋지 않았습니다. → ☐

02 몸이 아플 때에는 病院 에 가야 합니다. → ☐

03 우리 學級 에서 같이 공부하는 친구들은 모두 20명입니다. → ☐

04 나는 오늘 교통 사고로 입원한 친구의 問病 을 갔습니다. → ☐

단체 생활에서 개**별(別)** **행(行)**동을 하면 안 돼요.

別

다를 별 / 나눌 별

부수 刂(선칼도방)
획수 총 7획
中 別(bié) 비에

刂 + 另 회의

'다를 별/나눌 별'은 뼈와 살을 나눈 모습을 그린 모양으로 사람의 뼈와 살이 나누어진 것으로 헤어지다, 나눈다는 의미를 가지고 있어요.

行

다닐 행 / 항렬 항

부수 行(다닐 행)
획수 총 6획
中 行(xíng) 싱

상형

'다닐 행/항렬 항'은 사거리가 그려진 모양으로 다니다라는 의미를 가지고 있어요.

교과서 속 숨은 한자

국어

別 別

별별 : 별의별

국어

性 別
性 성품 성

성별 : 남자와 여자, 수컷과 암컷

국어

作 別
作 지을 작

작별 : 인사를 나누고 헤어짐 또는 그 인사

국어

行 動
動 움직일 동

행동 : 몸을 움직여 어떤 일을 함

사회

行 列
列 벌일 렬

행렬 : 여럿이 줄지어 감 / 항렬 : 같은 혈족의 서열 관계

도덕

善 行
善 착할 선

선행 : 착하고 어진 행실

쓰는 순서에 맞게 예쁘게 따라 쓰세요.

총 7획	別 別 別 別 別 別 別					
別	別	別				
다를 별						

총 6획	行 行 行 行 行 行					
行	行	行				
다닐 행						

다음 한자에 해당하는 음을 찾아 ○표 하세요.

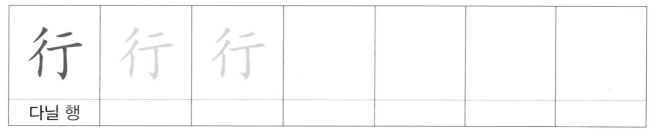

行   행   동

別   령   별

다음 빈칸에 들어갈 알맞은 한자어를 보기 에서 찾아 번호를 쓰세요.

보기   ❶ 作別   ❷ 行動   ❸ 別別   ❹ 善行

01 세상에는 [   ] 사람이 있습니다.

02 친구들과 [   ] 을 하고 전학을 가게 되었습니다.

03 내 친구는 아주 재빠르게 [   ] 합니다.

04 [   ] 을 베풀면 결국 나에게 돌아옵니다.

자유(由)를 지키기 위해서 많은 결정(定)을 해야 해요.

말미암을 유

부수	田(밭 전)
획수	총 5획
中	由(yóu) 요우

상형

'말미암을 유'는 방안에 불을 밝히던 등잔을 그린 모양으로 지금은 말미암다, 꾀한다는 의미로 사용되고 있어요.

정할 정

부수	宀(갓머리)
획수	총 8획
中	定(dìng) 띵

宀 + 正 형성

'정할 정'은 집을 향해 진격하는 모습을 그린 모양으로 집안을 평정하다, 바로 잡다라는 의미를 가지고 있어요.

교과서 속 숨은 한자

사회

來 올 래

유래 : 사물이나 일이 생겨난 과정이나 역사

도덕

自 스스로 자

자유 : 자기 마음대로 행동함

수학

'理(리)'가 단어 첫머리에 올 때는 '이'로 읽어요.

理 다스릴 리

이유 : 어떤 일이 일어난 까닭

국어

安 편안 안

안정 : 바뀌어 달라지지 않고 일정한 상태를 유지함

과학

一 한 일

일정 : 하나로 정해져 있음

국어

固 굳을 고

고정 : 정한 것을 바꾸지 않음, 한 곳에 꼭 붙어 있게 함

쓰는 순서에 맞게 예쁘게 따라 쓰세요.

총 5획	由 由 由 由 由						
由	由	由					
말미암을 유							

총 8획	定 定 定 定 定 定 定 定						
定	定	定					
정할 정							

 다음 한자와 소리는 같지만 뜻이 다른 한자를 찾아보세요.

定 ⓐ 正 ⓑ 情 ⓒ 足   由 ⓐ 油 ⓑ 有 ⓒ 主

 다음 의미에 해당하는 한자어를 찾아 ○표 하세요.

01 사물이나 일이 생겨난 과정이나 역사   由來 ┊ 油來

02 하나로 정해져 있음   一定 ┊ 一正

03 바뀌어 달라지지 않고 일정한 상태를 유지함   安定 ┊ 固定

04 어떤 일이 일어난 까닭   理有 ┊ 理由

영국신화 : 검을 뽑은 아서왕 **133**

9
特
野
病
級
別
行
由
定
者

의사는 환자(者)의 병을 고치는 사람이에요.

사람 자

부수 耂(늙을로엄)

획수 총 9획

中 者(zhě) 쪄어*

者

耂 + 白 회의

'사람 자'는 사탕수수에서 떨어지는 달콤한 즙을 받아먹고 있는 모습을 그린 모양으로 사탕수수를 의미하다가 나중에 사람이라는 의미를 가지게 되었어요.

근묵자흑 近 墨 者 黑

가까울 근　먹 묵　사람 자　검을 흑

*'먹을 가까이하면 검어진다.'는 뜻으로, 나쁜 사람을 가까이하면 그 버릇에 물들기 쉽다는 말.

교과서 속 숨은 한자

수학

記 者

記 기록할 기

기자 : 신문이나 방송에서 기사를 쓰는 사람

사회

富 者

富 부자 부

부자 : 돈이 많은 사람

과학

科 學 者

科 과목 과
學 배울 학

과학자 : 과학을 연구하는 사람

근묵자흑

쓰는 순서에 맞게 예쁘게 따라 쓰세요.

총 9획	者 者 者 者 者 者 者 者 者				
者	者	者			
사람 자					

그림을 보고 유추할 수 있는 한자를 찾아 ○표 하고 훈(뜻)과 음(소리)을 쓰세요.

者 孝

훈 _____   음 _____

다음 한자와 소리는 같지만 뜻이 다른 한자를 찾아보세요.

者 ⓐ 子 ⓑ 孝 ⓒ 李

다음 문장을 읽고 밑줄 친 한자어의 독음(읽는 소리)을 쓰세요.

오늘은 내가 ❶ <u>記者</u>가 되어서 친구들의 장래희망에 대해 조사했어요. 어떤 친구의 꿈은 ❷ <u>富者</u>이고 어떤 친구의 꿈은 대통령이에요. 나의 꿈은 ❸ <u>科學者</u>가 되어 노벨상을 받는 것이에요.

❶ [   ]   ❷ [   ]   ❸ [   ]

특 野 病 級 別 行 由 定 者

1 여인이 준 다섯 개의 검 중에서 한자와 훈음이 일치하는 진짜 엑스칼리버를 찾아보세요.

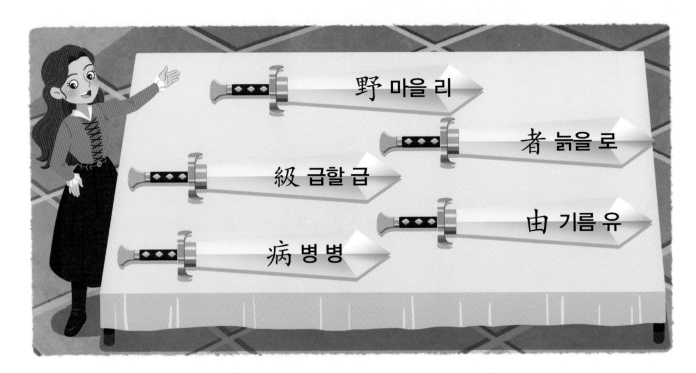

野 마을 리

者 늙을 로

級 급할 급

由 기름 유

病 병 병

2 다음 한자 어원과 관련 있는 글자를 찾아 연결하고 빠진 획을 완성한 후, 훈(뜻)과 음(소리)을 쓰세요.

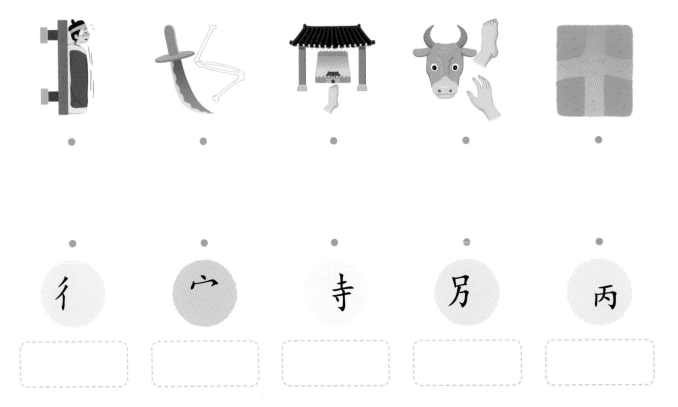

彳　宀　寺　弓　丙

3 엑스칼리버를 뽑으려면 바위의 한자 중에서 옳은 것을 찾아야 해요. 바위에 적힌 한자 중에서 엑스 칼리버에 적힌 한자와 일치하는 것을 찾으세요.

9

特
野
病
級
別
行
由
定
者

4 다음 빈칸에 들어갈 알맞은 한자를 보기 에서 찾아 써 넣으세요.

보기　行　病　定　別　者

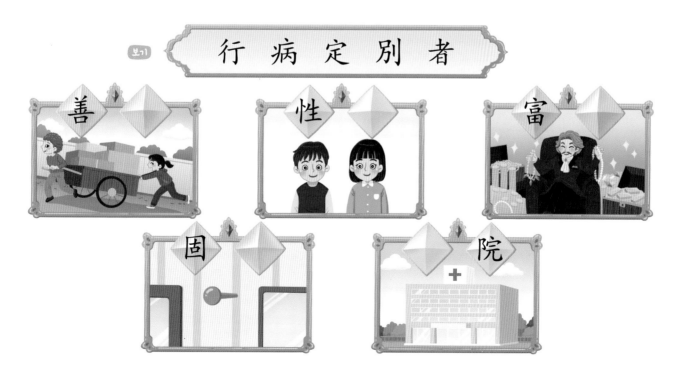

1 다음 밑줄 친 한자어의 음(소리)을 쓰세요.

01 선생님은 현수에게 결석한 理由를 물으셨습니다. ⬜

02 수술을 마친 환자는 바로 病室로 옮겨졌습니다. ⬜

03 내 친구는 미술에 特別한 재능이 있습니다. ⬜

2 다음 한자의 훈(뜻)과 음(소리)을 쓰세요.

01 野 훈 ____ 음 ____

02 級 훈 ____ 음 ____

03 者 훈 ____ 음 ____

04 定 훈 ____ 음 ____

3 한자와 뜻이 반대(또는 상대)되는 한자를 골라 그 번호를 쓰세요.

01 言
❶ 行 ❷ 社 ❸ 作 ❹ 待 ⬜

4 한자와 뜻이 같거나 비슷한 것을 골라 그 번호를 쓰세요.

01 區 구분할 구
❶ 別 ❷ 利 ❸ 例 ❹ 訓 ⬜

02 人 사람 인[8급]
❶ 老 ❷ 孝 ❸ 者 ❹ 李 ⬜

5 다음 성어의 빈칸 안에 알맞은 한자를 보기에서 찾아 그 번호를 쓰세요.

보기 ❶ 級 ❷ 別 ❸ 行 ❹ 病

01 ⬜方不明 : 간 곳이나 방향을 모름.
방 불 명

02 ⬜有天地 : 특별히 경치가 좋거나 분위기가 좋은 곳.
유 천 지

6 다음 한자의 진하게 표시한 획은 몇 번째 쓰는지 보기에서 찾아 그 번호를 쓰세요.

보기
❶ 첫 번째 ❷ 두 번째
❸ 세 번째 ❹ 네 번째
❺ 다섯 번째 ❻ 여섯 번째
❼ 일곱 번째 ❽ 여덟 번째
❾ 아홉 번째 ❿ 열 번째

01 級 ⬜ **02** 由 ⬜ **03** 野 ⬜

1 ▨ 안의 한자의 음(소리)으로 알맞은 것을 찾아 번호를 쓰세요.

01 定 ☐
❶ 행 　❷ 정 　❸ 족 　❹ 중

02 病 ☐
❶ 의 　❷ 병 　❸ 환 　❹ 별

03 由 ☐
❶ 유 　❷ 전 　❸ 갑 　❹ 고

2 보기 의 단어들과 가장 관련이 깊은 한자를 고르세요.

보기 　약국 　검사 　전염

01 ❶ 特 　❷ 短 　❸ 界 　❹ 病 ☐

보기 　논밭 　초원 　야생화

02 ❶ 野 　❷ 童 　❸ 線 　❹ 理 ☐

3 ▨ 안의 한자어의 독음(소리)으로 알맞은 것을 고르세요.

01 소연이는 항상 어른스럽게 行動 합니다. ☐
❶ 대화 　❷ 언행 　❸ 행동 　❹ 행실

02 지금은 自由 시간입니다. ☐
❶ 활발 　❷ 자유 　❸ 슬기 　❹ 명예

4 ▨ 안의 뜻을 가진 한자를 보기 에서 찾아 쓰세요.

보기 　者 野 級 由 特

01 **등급** 이 높은 고기라서 그런지 맛이 굉장히 좋습니다. ☐

02 나는 스스로 행복한 **사람** 이라고 생각합니다. ☐

03 주말에 뭐할지 아직 **특별한** 계획이 없습니다. ☐

5 보기 의 뜻을 참고하여 ◯ 안에 공통으로 들어갈 한자를 쓰세요.

보기
❶ ◯名 : 외모나 성격의 특징을 가지고 남들이 지어 부르는 이름
❷ 作◯ : 인사를 나누고 헤어짐

01 ☐

보기
❶ 安◯ : 바뀌어 달라지지 않고 일정한 상태를 유지함
❷ 一◯ : 하나로 정해져 있음

02 ☐

9

特
野
病
級
別
行
由
定
者

6급시험에 자주 나오는 사자성어 40개를 알아보아요.

광 명 정 대
光 明 正 大
빛 광 　 밝을 명 　 바를 정 　 큰 대

말이나 행실이 떳떳하고 정당함.

구 사 일 생
九 死 一 生
아홉 구 　 죽을 사 　 한 일 　 날 생

* 아홉 번 죽을 뻔하다 한 번 살아난다.
여러 차례 죽을 고비를 겪고 간신히 목숨을 건짐.

남 녀 노 소
男 女 老 少
사내 남 　 여자 녀 　 늙을 로 　 적을 소

남자와 여자, 늙은이와 젊은이, 곧 모든 사람.

대 대 손 손
代 代 孫 孫
대신할 대 　 대신할 대 　 손자 손 　 손자 손

대대로 이어오는 자손.

대 명 천 지
大 明 天 地
큰 대 　 밝을 명 　 하늘 천 　 땅 지

* 크게 밝은 하늘과 땅.
매우 밝은 세상.

동 고 동 락
同 苦 同 樂
한가지 동 　 쓸 고 　 한가지 동 　 즐길 락

* 괴로움과 즐거움을 함께 한다.
같이 고생하고 같이 즐김.

동 문 서 답
東 問 西 答
동녘 동 　 물을 문 　 서녘 서 　 대답할 답

* 동쪽을 묻는 데 서쪽을 대답한다.
묻는 말에 대하여 전혀 엉뚱한 대답을 함.

동 서 고 금
東 西 古 今
동녘 동 　 서녘 서 　 옛 고 　 이제 금

* 동양과 서양, 그리고 옛날과 오늘.
언제 어디서나.

동	성	동	본
同	姓	同	本
한가지 동	성씨 성	한가지 동	근본 본

성도 같고 본도 같음.

동	시	다	발
同	時	多	發
한가지 동	때 시	많을 다	필 발

같은 시기에 여러 가지가 발생함.

명	산	대	천
名	山	大	川
이름 명	메 산	큰 대	내 천

이름난 산과 큰 내.

문	전	성	시
門	前	成	市
문 문	앞 전	이룰 성	저자 시

* 대문 앞이 저자를 이루다.
찾아오는 사람이 많아 문 앞이 사람으로 가득차다.

백	면	서	생
白	面	書	生
흰 백	낯 면	글 서	날 생

* 희고 고운 얼굴에 글만 읽는 사람.
세상(世上) 일에 조금도 경험이 없는 사람.

백	발	백	중
百	發	百	中
일백 백	필 발	일백 백	가운데 중

* 백 번 쏘아 백 번 맞는다.
무슨 일이든지 생각하는 대로 다 들어 맞음.

별	유	천	지
別	有	天	地
다를 별	있을 유	하늘 천	땅 지

속세를 떠난 특별한 경지에 있는 별세계를 의미함.

부	자	유	친
父	子	有	親
아비 부	아들 자	있을 유	친할 친

아버지와 아들 사이에는 친함이 있음.

불 로 장 생

不 老 長 生

아닐 불　늙을 로　길 장　날 생

늙지 않고 오래 삶.

불 원 천 리

不 遠 千 里

아닐 불　멀 원　일천 천　마을 리

＊ 천 리 길도 멀다 하지 않는다.
먼 길인데도 개의치 않고 열심히 달려감.

삼 삼 오 오

三 三 五 五

석 삼　석 삼　다섯 오　다섯 오

여기저기 몇몇씩 흩어져 있는 모양.

삼 십 육 계

三 十 六 計

석 삼　열 십　여섯 륙　셀 계

서른여섯 가지의 계략, 많은 꾀.

생 사 고 락

生 死 苦 樂

날 생　죽을 사　쓸 고　즐길 락

삶과 죽음, 괴로움과 즐거움을 통틀어 이르는 말.

십 중 팔 구

十 中 八 九

열 십　가운데 중　여덟 팔　아홉 구

＊ 열에 여덟이나 아홉.
거의 예외 없이 그러할 것이라는 추측을 나타내는 말.

인 명 재 천

人 命 在 天

사람 인　목숨 명　있을 재　하늘 천

사람이 살고 죽는 것은 다 하늘에 달려 있어 사람으로서는 어찌할 수 없다.

인 산 인 해

人 山 人 海

사람 인　메 산　사람 인　바다 해

＊ 사람의 산과 사람의 바다.
사람이 헤아릴 수 없이 많이 모인 모양.

인 해 전 술

人 海 戰 術

사람 인　　바다 해　　싸움 전　　재주 술

극히 많은 병력을 투입하여 그 수의 힘으로 전선을 분단, 돌파하는 공격법.

일 일 삼 성

一 日 三 省

한 일　　날 일　　석 삼　　살필 성

* 하루의 일 세 가지를 살핀다.
하루에 세 번씩 자신의 행동을 반성함.

일 일 삼 추

一 日 三 秋

한 일　　날 일　　석 삼　　가을 추

* 하루가 삼 년 같다.
뜻대로 만날 수 없는 초조함을 나타내는 말.

일 장 일 단

一 長 一 短

한 일　　길 장　　한 일　　짧을 단

장점도 있고 단점도 있음.

일 조 일 석

一 朝 一 夕

한 일　　아침 조　　한 일　　저녁 석

* 하루 아침, 하루 저녁.
대단히 짧은 시간.

자 손 만 대

子 孫 萬 代

아들 자　　손자 손　　일만 만　　대신할 대

자자손손, 썩 많은 세대.

자 유 자 재

自 由 自 在

스스로 자　말미암을 유　스스로 자　있을 재

자기 마음대로 할 수 있음.

작 심 삼 일

作 心 三 日

지을 작　　마음 심　　석 삼　　날 일

* 마음먹은 지 삼일이 못 간다.
결심이 얼마 되지 않아 흐지부지 된다.

4 자 성 어

전 광 석 화

電 光 石 火

번개 전　빛 광　돌 석　불 화

* 번갯불이나 부싯돌의 불이 번쩍이는 것.
극히 짧은 시간이나 일이 매우 빠른 것을 가리킴.

주 야 장 천

晝 夜 長 川

낮 주　밤 야　길 장　내 천

* 밤낮으로 쉬지 않고 흐르는 시냇물.
늘 잇따름.

천 만 다 행

千 萬 多 幸

일천 천　일만 만　많을 다　다행 행

매우 다행함.

청 천 백 일

青 天 白 日

푸를 청　하늘 천　흰 백　날 일

* 맑게 갠 하늘에서 밝게 비치는 해.
아무 잘못 없이 결백한 것.

청 풍 명 월

淸 風 明 月

맑을 청　바람 풍　밝을 명　달 월

* 맑은 바람과 밝은 달.
속세를 벗어남을 이르는 말.

초 록 동 색

草 綠 同 色

풀 초　푸를 록　한가지 동　빛 색

* 풀빛과 녹색은 같은 빛깔.
같은 처지의 사람과 어울리거나 기우는 것.

팔 방 미 인

八 方 美 人

여덟 팔　모 방　아름다울 미　사람 인

어느 모로 보나 아름다운 미인, 여러 방면에서 능통한 사람.

화 조 월 석

花 朝 月 夕

꽃 화　아침 조　달 월　저녁 석

* 꽃이 핀 아침과 달 밝은 저녁.
경치가 가장 좋은 때.

정답

연습문제와 모의고사 정답이 모두 들어있어요.

문제를 잘 풀었는지 확인해보아요.

<... >

1단계

연습문제 p.18

1

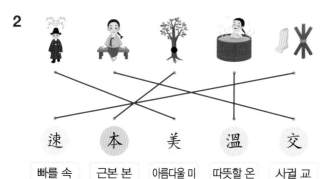

在 目 交 日 失 左

交
사귈 교

失
잃을 실

在
있을 재

目
눈 목

2

速 本 美 溫 交

빠를 속 근본 본 아름다울 미 따뜻할 온 사귈 교

3

美人
美男 — 미인

失業 — 실패
失敗

交通 — 교대
交代

保溫 — 보온
體溫

4

ㅁ ㅐ ㅂ ㄴ
ㄱ ㅈ ㄱ

주의 깊게 살펴봄   기계에서 기본이 되는 물체   속도의 크기   실제로 있음

주목 注目   본체 本體   속력 速力   존재 存在

기출·예상문제 p.20

한국어문회

1 01. 시속   02. 온수   03. 소실

2 01. 아름다울 미   02. 근본 본
   03. 사귈 교   04. 눈 목

3 01. ③   02. ①

4 01. ②   02. ④

5 01. ①   02. ③

6 01. ⑤   02. ⑥   03. ④

한자교육진흥회

1 01. ②   02. ③   03. ①

2 01. ②   02. ④

3 01. ③   02. ②

4 01. 在   02. 失   03. 溫

5 01. 目   02. 交

2단계

연습문제 p.32

1

머리 두 頭
죽을 사 死
쌀 미 米
돌 석 石

2

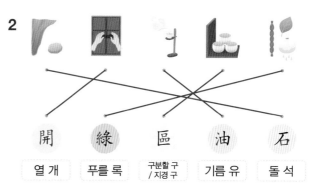

開 綠 區 油 石

열 개 푸를 록 구분할 구 / 지경 구 기름 유 돌 석

3

4

석유가 나는 곳 — 유전 油田

땅 밑에 묻혀 있는 갈색을 띤 기름 — 석유 石油

흰 쌀 — 백미 白米

성질이나 종류에 따라 나누는 것 — 구별 區別

기출 · 예상문제   p.34

한국어문회

1 01. 개발   02. 식용유   03. 녹색

2 01. 구분할 구 / 지경 구   02. 쌀 미

    03. 죽을 사   04. 머리 두

3 01. ②   02. ④

4 01. ①   02. ③

5 01. ①   02. ③

6 01. ③   02. ⑥   03. ③

한자교육진흥회

1 01. ②   02. ①   03. ④

2 01. ④   02. ③

3 01. ①   02. ③

4 01. 石   02. 死   03. 油

5 01. 死   02. 綠

3단계

연습문제   p.46

1

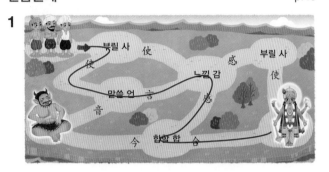

2

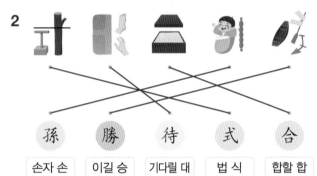

3

4

기출·예상문제   p.48

한국어문회

1 01. 합동   02. 승리   03. 감동

2 01. 기다릴 대   02. 부릴 사

    03. 합할 합   04. 법 식

3 01. ②   02. ④

4 01. ④   02. ①

5 01. ②   02. ①

6 01. ⑦   02. ⑥   03. ⑦

한자교육진흥회

1 01. ④   02. ②   03. ②

2 01. ③   02. ①

3 01. ②   02. ③

4 01. 勝   02. 待   03. 孫

5 01. 言   02. 合

4단계

연습문제   p.60

1

향할 향   겨레 족   자리 석   강할 강

2

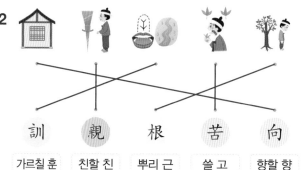

訓   親   根   苦   向

가르칠 훈   친할 친   뿌리 근   쓸 고   향할 향

3

根本   연根   出席   좌席   向상   풍向   家族   親구

4

음식 飮食   강약 強弱   고생 苦生   가훈 家訓

기출·예상문제   p.62

한국어문회

1 01. 가족   02. 고생   03. 출석

2 01. 가르칠 훈   02. 뿌리 근

    03. 친할 친   04. 향할 향

3 01. ②   02. ③

4 01. ①   02. ③

5 01. ④   02. ①

6 01. ③   02. ②   03. ③

한자교육진흥회

1 01. ③   02. ③   03. ④

2 01. ②   02. ③

3 01. ③   02. ④

4 01. 親   02. 根   03. 苦

5 01. 向   02. 族

정답

5단계

연습문제   p.74

1

2
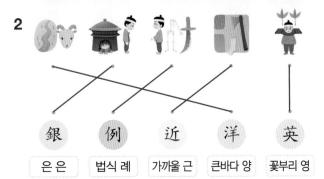

3

4

기출 · 예상문제   p.76
한국어문회

1 01. 영재   02. 황금   03. 서양

2 01. 법식 례   02. 은 은
   03. 고을 군   04. 가까울 근

3 01. ④

4 01. ②   02. ③

5 01. ③   02. ②

6 01. ⑨   02. ⑤   03. ①

한자교육진흥회

1 01. ④   02. ①   03. ③

2 01. ④   02. ②

3 01. ②   02. ④

4 01. 銀   02. 遠   03. 郡

5 01. 洋   02. 英

6단계

연습문제   p.88

1

2
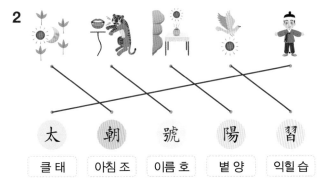

3

衣 習 朝 號 陽

석양	탈의	조선	풍습	암호
夕陽	脫衣	朝鮮	風習	暗號

4

| 화가 畫家 | 태양 太陽 | 한복 韓服 |

기출 · 예상문제
p.90

한국어문회

1 01. 학습 02. 화가 03. 하복

2 01. 이름 호 02. 아침 조 03. 클 태 04. 옷 복

3 01. ② 02. ③

4 01. ④ 02. ③

5 01. ② 02. ①

6 01. ③ 02. ② 03. ⑨

한자교육진흥회

1 01. ② 02. ③ 03. ③

2 01. ① 02. ③

3 01. ② 02. ②

4 01. 朝 02. 習 03. 衣

5 01. 太 02. 服

7단계

연습문제
p.104

1

2

古	禮	多	度	愛
옛 고	예도 례	많을 다	법도 도	사랑 애

3

4

기출 · 예상문제　　　　　　　　　　　　　p.106

한국어문회

1 01. 속도　02. 애국가　03. 다급

2 01. 글 장　02. 예도 례　03. 서울 경　04. 나무 수

3 01. ③　02. ④

4 01. ②　02. ③

5 01. ②　02. ①

6 01. ④　02. ⑦　03. ⑥

한자교육진흥회

1 01. ①　02. ③　03. ③

2 01. ③　02. ②

3 01. ④　02. ①

4 01. 京　02. 古　03. 愛

5 01. 醫　02. 度

8단계

연습문제　　　　　　　　　　　　　　p.120

1

2

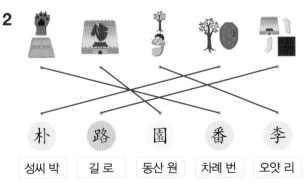

朴　路　園　番　李

성씨 박　길 로　동산 원　차례 번　오얏 리

3

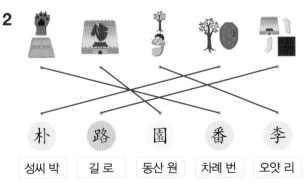

畫夜　주야　　人道　　朴氏　박씨　　李舜臣　이순신
夜間　　　道路　도로　　李氏　　　　李白

4

共通
每番
花園
永永
꽃밭

永永　花園
共通　每番

기출 · 예상문제　　　　　　　　　　　　p.122

한국어문회

1 01. 공원　02. 교통　03. 야간

2 01. 오얏 리　02. 낮 주
　　03. 길 영　04. 성씨 박

3 01. ④

4 01. ①　02. ④

5 01. ③　02. ④

6 01. ⑤　02. ④　03. ⑩

한자교육진흥회

1 01. ③　02. ②　03. ④

2 01. ④　02. ②

3 01. ③　02. ③

4 01. 畫　02. 番　03. 通

5 01. 路　02. 園

9단계

연습문제   p.136

1

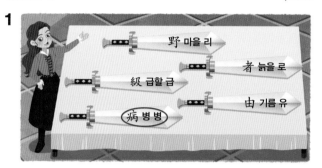

野 마을 리
者 늙을 로
級 급할 급
由 기름 유
病 병 병

2

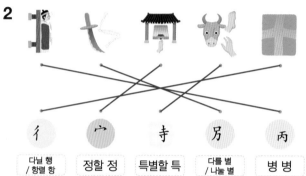

3

4

기출 · 예상문제   p.138

한국어문회

1   01. 이유   02. 병실   03. 특별

2   01. 들 야   02. 등급 급

     03. 사람 자   04. 정할 정

3   01. ①

4   01. ①   02. ③

5   01. ③   02. ②

6   01. ④   02. ④   03. ⑤

한자교육진흥회

1   01. ②   02. ②   03. ①

2   01. ④   02. ①

3   01. ③   02. ②

4   01. 級   02. 者   03. 特

5   01. 別   02. 定

한국어문회 6급 I 모의고사 제1회 정답

1	성공	11	수면	21	고대	31	계산	41	바깥 외	51	낮 주	61	③	71	秋夕	81	千金
2	집합	12	친분	22	사각	32	노선	42	돌 석	52	모일 회	62	④	72	電氣	82	草木
3	주유	13	창구	23	천사	33	반문	43	법 식	53	다닐 행 / 항렬 항	63	①	73	住民	83	休學
4	실례	14	신문	24	현장	34	서울 경	44	한나라 한	54	읽을 독	64	②	74	空間	84	不便
5	영원	15	식당	25	별세	35	뿌리 근	45	볕 양	55	느낄 감	65	⑤	75	正答	85	生活
6	야광	16	명의	26	내복	36	눈 설	46	아우 제	56	④	66	②	76	左右	86	方道
7	사용	17	영재	27	신동	37	머리 두	47	함께 공	57	②	67	④	77	先祖	87	海軍
8	평등	18	번호	28	의향	38	여름 하	48	업 업	58	③	68	山林	78	中心	88	⑤
9	중력	19	지구	29	체온	39	눈 목	49	사람 자	59	③	69	記入	79	手動	89	⑦
10	대화	20	녹색	30	교통	40	병 병	50	그럴 연	60	④	70	敎育	80	老後	90	⑥

한국어문회 6급 I 모의고사 제2회 정답

1	의사	11	방심	21	공통	31	화합	41	법식 례	51	아침 조	61	④	71	色紙	81	工夫
2	휴전	12	태양	22	체육	32	신호	42	나타날 현	52	마디 촌	62	②	72	人道	82	市外
3	과목	13	손자	23	등급	33	한복	43	기름 유	53	기다릴 대	63	①	73	祖上	83	下車
4	승자	14	작업	24	의술	34	잃을 실	44	차례 번	54	글자 자	64	⑤	74	自然	84	每月
5	서당	15	소문	25	황토	35	살필 성 / 덜 생	45	군사 군	55	향할 향	65	⑧	75	活力	85	同門
6	두각	16	간식	26	중대	36	특별할 특	46	글 장	56	③	66	②	76	植物	86	家事
7	감전	17	부분	27	공개	37	따뜻할 온	47	익힐 습	57	④	67	①	77	正直	87	先金
8	병약	18	소수	28	교대	38	공 공	48	이로울 리	58	③	68	入學	78	登場	88	⑤
9	형식	19	신화	29	이유	39	구분할 구 / 지경 구	49	말씀 언	59	②	69	前後	79	有名	89	④
10	행동	20	야구	30	용기	40	나라 국	50	모일 집	60	③	70	方面	80	百姓	90	⑤

한국어문회 6급 I 모의고사 제3회 정답

1	형식	11	의외	21	성명	31	미술	41	의원 의	51	오얏 리	61	③	71	農事	81	所重
2	지도	12	등산	22	이유	32	목전	42	자리 석	52	몸 체	62	④	72	生活	82	市場
3	발표	13	현재	23	독서	33	급행	43	해 년	53	길 영	63	⑦	73	不正	83	孝道
4	병자	14	음식	24	강약	34	등급 급	44	다를 별 / 나눌 별	54	인간 세	64	①	74	白旗	84	出入
5	집중	15	시작	25	후기	35	사랑 애	45	법도 도	55	겨레 족	65	②	75	校歌	85	電話
6	안주	16	근본	26	각계	36	집 실	46	구분할 구 / 지경 구	56	③	66	①	76	邑内	86	時間
7	실수	17	남향	27	유화	37	열 개	47	셈 산	57	④	67	③	77	五色	87	火氣
8	행운	18	방학	28	통로	38	귀신 신	48	클 태	58	④	68	老人	78	四方	88	④
9	문장	19	번호	29	반성	39	동산 원	49	곧을 직	59	③	69	立春	79	萬民	89	⑧
10	손녀	20	서양	30	답례	40	부을 주	50	이길 승	60	①	70	來日	80	兄弟	90	⑧

한자교육진흥회 6급 모의고사 제1회 정답

1	④	11	③	21	④	31	일천 천	41	正	51	三	61	자립	71	力
2	②	12	④	22	④	32	북녘 북	42	二	52	年	62	백금	72	子
3	①	13	②	23	③	33	여덟 팔	43	向	53	百	63	동산	73	口
4	①	14	③	24	①	34	아홉 구	44	自	54	十	64	강남	74	生日
5	①	15	②	25	②	35	넉 사	45	足	55	木	65	소녀	75	主人
6	④	16	③	26	①	36	손 수	46	西	56	水	66	오촌	76	화목
7	②	17	④	27	①	37	윗 상	47	六	57	文	67	중심	77	시간
8	③	18	①	28	②	38	모 방	48	小	58	入	68	동문	78	일주
9	③	19	②	29	②	39	흙 토	49	石	59	一	69	칠석	79	순서
10	②	20	②	30	②	40	다섯 오	50	兄	60	天	70	월하	80	거리

한자교육진흥회 6급 모의고사 제2회 정답

1	③	11	②	21	①	31	설 립	41	百	51	水	61	정월	71	石
2	②	12	④	22	③	32	바깥 외	42	同	52	火	62	사방	72	出
3	②	13	①	23	②	33	두 이	43	十	53	八	63	중천	73	年
4	④	14	②	24	③	34	형 형	44	日	54	夫	64	칠석	74	人心
5	④	15	④	25	③	35	동녘 동	45	文	55	江	65	명수	75	西山
6	②	16	③	26	②	36	안 내	46	一	56	靑	66	삼촌	76	물체
7	①	17	②	27	①	37	여자 녀	47	少	57	小	67	문하	77	상품
8	③	18	②	28	④	38	북녘 북	48	川	58	六	68	백토	78	반
9	②	19	①	29	②	39	들 입	49	金	59	大	69	주력	79	공통
10	①	20	①	30	③	40	다섯 오	50	上	60	九	70	남향	80	안전

한자교육진흥회 6급 모의고사 제3회 정답

1	①	11	②	21	④	31	석 삼	41	外	51	目	61	공부	71	生
2	④	12	③	22	①	32	일곱 칠	42	四	52	二	62	청년	72	東
3	①	13	②	23	③	33	발 족	43	寸	53	母	63	자제	73	主
4	②	14	②	24	③	34	큰 대	44	王	54	一	64	여왕	74	方向
5	③	15	①	25	④	35	장인 공	45	土	55	天	65	팔천	75	同一
6	②	16	①	26	②	36	열 십	46	口	56	立	66	강산	76	반
7	①	17	②	27	③	37	흰 백	47	百	57	月	67	일출	77	최선
8	④	18	④	28	①	38	안 내	48	九	58	五	68	자력	78	계산
9	②	19	②	29	④	39	여섯 륙(육)	49	小	59	夕	69	명문	79	도형
10	③	20	③	30	②	40	불 화	50	男	60	正	70	심중	80	특징

★ 저자소개

허은지

명지대학교 중어중문학과 박사 수료
상상한자중국어연구소 대표
명지대 미래교육원 중국어 과정 지도교수
마포고, 세화고, 중경고 중국어 강사
<하오빵어린이중국어 발음편> 시사중국어사 공저
<쑥쑥 급수한자 8급 · 7급 · 6급 상> 제이플러스, 공저

윤혜정

선문대학교 한중통번역대학원 석사 수료
상상한자중국어연구소 대표 강사
와우윤샘한자중국어공부방 운영
다솔초, 갈천초 방과후학교 한자 강사
<쑥쑥 급수한자 8급 · 7급 · 6급 상> 제이플러스, 공저

박진미

성균관대학교 중어중문학과 졸업
성균관대학교 교육대학원 중국어교육 석사
(전) 종로 고려중국어학원 HSK 강의
(현) 상상한자중국어연구소 대표 강사
학동초, 기산초, 오산원당초 방과후학교 한자 강사
<8822 HSK 어휘 갑을병정 전3권> 다락원, 공동편역
<꼬치꼬치 HSK 듣기/어법> YBM시사, 공저
<쑥쑥 급수한자 8급 · 7급 · 6급 상> 제이플러스, 공저

초판 발행	2022년 12월 15일
저자	허은지 · 윤혜정 · 박진미
발행인	이기선
발행처	제이플러스
삽화	김효지
등록번호	제10-1680호
등록일자	1998년 12월 9일
주소	서울시 마포구 월드컵로 31길 62 제이플러스
구입문의	02-332-8320
팩스	02-332-8321
홈페이지	www.jplus114.com
ISBN	979-11-5601-209-2(63720)

한자 능력 검정시험 모의고사

* 한국어문회형 3회, 한자교육진흥회형 3회 총 6회의 모의고사 문제입니다.
정답지는 표시선을 따라 잘라서 준비해 주세요.

▶정답 p.154~p.157

6級 I

90문항 / 50분 시험

*성명과 수험번호를 쓰고 문제지와 답안지는 함께 제출하세요.

성명 (　　　　　　) 　수험번호 □□□ - □□ - □□□□

[問 1-33] 다음 밑줄 친 漢字語의 讀音을 쓰세요.

보기	漢字 → 한자

[1] 삼촌은 사업에 成功하여 많은 돈을 벌었습니다.

[2] 운동장에 모두 集合했습니다.

[3] 注油소에서 기름을 넣고 출발합시다.

[4] 失禮합니다만 옆자리에 앉아도 될까요?

[5] 그의 이름은 永遠히 기록될 것입니다.

[6] 내 시계는 夜光 기능이 있어서 밤에도 시간이 잘 보입니다.

[7] 연장은 용도에 맞게 使用해야 합니다.

[8] 자유와 平等은 인류가 영원히 추구해 나가야 하는 이상입니다.

[9] 물건이 위에서 아래로 떨어지는 것은 重力 때문입니다.

[10] 가족은 對話를 자주 나누어야 합니다.

[11] 지면과 水面의 온도는 어떻게 변할지 알아보겠습니다.

[12] 나는 그와 오래전부터 親分을 맺어 온 사이입니다.

[13] 어제 도서관에서 대출한 책을 반납窓口에 넣었습니다.

[14] 학교 新聞에 제보한 내용이 실렸습니다.

[15] 오늘 점심에는 새로 개업한 食堂으로 갑시다.

[16] 환자를 잘 돌보는 名醫가 되기 위해 열심히 노력했습니다.

[17] 평준화 교육이 英才들의 평범화를 의미하는 것이어서는 안 된다고 생각합니다.

[18] 番號표를 받고 순서를 기다려야 합니다.

[19] 地球의 표면은 끊임없이 변하고 있습니다.

[20] 나뭇잎을 綠色 물감으로 색칠했습니다.

[21] 그리스는 서양 古代 문명의 발상지로 알려져 있습니다.

[22] 四角형을 그리고 변과 꼭짓점을 표시하시오.

[23] 개구쟁이 동생도 생글생글 웃을 때는 天使처럼 사랑스럽습니다.

[24] 동물원으로 現場 체험 학습을 다녀왔습니다.

[25] 윗사람이 세상을 떠나는 일을 別世라고 합니다.

[26] 겨울에는 따뜻한 內服을 입습니다.

[27] 어릴 적 神童도 꾸준히 노력해야 훌륭한 인재가 될 수 있습니다.

[28] 우리는 상대편의 意向을 물었습니다.

[29] 따뜻한 차를 마셨더니 體溫이 정상으로 돌아왔습니다.

[30] 이 동네는 지하철의 개통으로 交通 문제가 일부 해결되었습니다.

[31] 구구단을 외우면 <u>計算</u>을 빠르게 할 수 있습니다.

[32] 학교 앞 정류장에서는 세 개의 버스 <u>路線</u>을 이용할 수 있습니다.

[33] 나는 그 질문을 나 자신에게 <u>反問</u>해 보았습니다.

[問 34-55] 다음 漢字의 訓(훈:뜻)과 音(음:소리)을 쓰세요.

보기	字 → 글자 자

[34] 京

[35] 根

[36] 雪

[37] 頭

[38] 夏

[39] 目

[40] 病

[41] 外

[42] 石

[43] 式

[44] 漢

[45] 陽

[46] 弟

[47] 共

[48] 業

[49] 者

[50] 然

[51] 晝

[52] 會

[53] 行

[54] 讀

[55] 感

[問 56-58] 다음 漢字와 뜻이 반대(또는 상대)되는 漢字를 골라 그 번호를 쓰세요.

[56] 弱：① 旗 ② 明 ③ 美 ④ 強

[57] 短：① 和 ② 長 ③ 足 ④ 萬

[58] 苦：① 花 ② 表 ③ 樂 ④ 川

[問 59-60] 다음 漢字와 뜻이 같거나 비슷한 漢字를 골라 그 번호를 쓰세요.

[59] 室：① 南 ② 村 ③ 家 ④ 黃

[60] 開：① 門 ② 分 ③ 文 ④ 始

[問 61-62] 다음 중 소리(音)는 같으나 뜻(訓)이 다른 漢字를 찾아 그 번호를 쓰세요.

[61] 消：① 術 ② 野 ③ 小 ④ 高

[62] 果：① 思 ② 本 ③ 班 ④ 科

[問 63-65] 다음 성어의 (   ) 안에 알맞은 漢字를 〈보기〉에서 찾아 그 번호를 쓰세요.

보기	
① 今 ② 在 ③ 衣 ④ 各	
⑤ 孫 ⑥ 見 ⑦ 公 ⑧ 韓	

[63] 東西古(   )：동양과 서양, 옛날과 지금을 통틀어 이르는 말.

[64] 自由自(   ) : 거침없이 자기 마음대로 할 수 있음.

[65] 子(   )萬代 : 오래도록 내려오는 여러 대.

[問 66-67] 다음 뜻에 맞는 한자어를 〈보기〉에서 찾아 그 번호를 쓰세요.

보기

① 靑春 ② 明年 ③ 不幸
④ 多幸 ⑤ 孝子 ⑥ 農事

[66] 올해의 다음

[67] 뜻밖에 일이 잘 되어 운이 좋음

[問 68-87] 다음 밑줄 친 漢字語를 漢字로 쓰세요.

보기   한자 → 漢字

[68] 무분별하게 나무를 베어 산림이 파괴되었습니다.

[69] 답안지에 이름과 수험번호를 정확히 기입하세요.

[70] 이 지역은 교육 환경이 열악합니다.

[71] 한국에서는 추석이 되면 송편을 만들어 먹습니다.

[72] 전기에너지를 만드는 데에는 돈이 많이 듭니다.

[73] 지역의 문제를 해결하기 위해 주민들의 많은 참여가 필요합니다.

[74] 모양을 지니고 공간을 차지하는 것을 물체라고 합니다.

[75] 정답을 맞히기 어렵습니다.

[76] 선수들의 정신력이 경기의 승패를 좌우할 수 있습니다.

[77] 우리 선조들은 일찍부터 기록을 중요시하였습니다.

[78] 태양계의 별들은 태양을 중심으로 돕니다.

[79] 자동문이 고장 나서 수동으로 직접 밀어서 문을 열었습니다.

[80] 노후를 편안히 보내기 위해서는 대책을 미리 마련해야 합니다.

[81] 양심은 천금을 주고도 살 수 없습니다.

[82] 봄이 되면 온갖 초목이 싹을 틉니다.

[83] 형은 해외에 가기 위해 휴학을 했습니다.

[84] 지하철에서 몸이 불편한 사람에게 자리를 양보합시다.

[85] 언니는 새로운 직장 생활에 잘 적응했습니다.

[86] 문제를 해결할 새로운 방도를 찾아야 합니다.

[87] 그는 해군사관학교 출신입니다.

[問 88-90] 다음 漢字의 진하게 표시한 획은 몇 번째 쓰는지 〈보기〉에서 찾아 그 번호를 쓰세요.

보기

① 첫 번째   ② 두 번째
③ 세 번째   ④ 네 번째
⑤ 다섯 번째   ⑥ 여섯 번째
⑦ 일곱 번째   ⑧ 여덟 번째
⑨ 아홉 번째   ⑩ 열 번째

[88] 死 [89] 來 [90] 族

♣ 수고하셨습니다.

6級 I

90문항 / 50분 시험

*성명과 수험번호를 쓰고 문제지와 답안지는 함께 제출하세요.

성명 (   )   수험번호 □□□ - □□ - □□□□

[問 1-33] 다음 밑줄 친 漢字語의 讀音을 쓰세요.

| 보기 | 漢字 → 한자 |

[1] 자신의 意思를 손을 들고 명확히 밝혀주십시오.

[2] 한국이 休戰한 지 70여 년이 흘렀습니다.

[3] 학교에서 사회 科目을 가르칩니다.

[4] 이번 경기의 勝者가 최종 결승에 진출합니다.

[5] '書堂개 삼 년이면 풍월을 읊는다'라는 속담이 있습니다.

[6] 그 선수는 어릴 때부터 남다른 頭角을 보였습니다.

[7] 물 묻은 손으로 전기제품을 만지면 感電될 수 있으니 조심해야 합니다.

[8] 나이 들어 몸이 病弱해졌습니다.

[9] 기행문은 여러 가지 形式으로 표현할 수 있습니다.

[10] 거짓말을 하는 것은 잘못된 行動입니다.

[11] 모든 일에 放心은 금물입니다.

[12] 우리는 떠오르는 太陽을 바라보며 새해 소원을 빌었습니다.

[13] 할머니는 孫子를 귀여워하십니다.

[14] 그는 밤을 새워가며 作業을 계속하였습니다.

[15] 所聞은 금세 퍼지게 마련입니다.

[16] 우리 반 친구들과 함께 間食을 먹었습니다.

[17] 어두운 部分에 흰색 물감을 더 칠했습니다.

[18] 0.1과 같은 것을 小數라고 합니다.

[19] 단군 神話에는 곰이 사람으로 변신하는 이야기가 나옵니다.

[20] 野球는 두 팀이 9회씩 공격과 수비를 번갈아 합니다.

[21] 형제들 사이에는 共通점이 많습니다.

[22] 승원이는 體育수업을 가장 좋아합니다.

[23] 새 냉장고는 에너지 등급이 1等級입니다.

[24] 한국은 醫術이 뛰어난 나라입니다.

[25] 黃土로 벽을 바른 할머니의 집은 아늑한 느낌이 들었습니다.

[26] 이번 해에는 重大한 사건이 많았습니다.

[27] 학부모들은 公開수업을 참관하러 학교로 왔습니다.

[28] 이웃끼리 交代로 청소합니다.

[29] 사사건건 理由를 달아 설명할 필요는 없습니다.

[30] 勇氣를 내어 앞에 나와 발표하였습니다.

[31] 올림픽은 세계인들이 和合을 이루는 축제입니다.

[32] 운전할 때 교통信號나 교통안전 표지를 잘 살펴야 합니다.

[33] 韓服은 한국의 전통의상입니다.

[問 34-55] 다음 漢字의 訓(훈:뜻)과 音(음:소리)을 쓰세요.

> 보기　　　　　　字 → 글자 자

[34] 失
[35] 省
[36] 特
[37] 溫
[38] 功
[39] 區
[40] 國
[41] 例
[42] 現
[43] 油
[44] 番
[45] 軍
[46] 章
[47] 習
[48] 利
[49] 言
[50] 集
[51] 朝
[52] 寸
[53] 待

[54] 字
[55] 向

[問 56-58] 다음 漢字와 뜻이 반대(또는 상대)되는 漢字를 골라 그 번호를 쓰세요.

[56] 古 : ① 京 ② 苦 ③ 今 ④ 共
[57] 南 : ① 式 ② 死 ③ 花 ④ 北
[58] 近 : ① 紙 ② 主 ③ 遠 ④ 下

[問 59-60] 다음 漢字와 뜻이 같거나 비슷한 漢字를 골라 그 번호를 쓰세요.

[59] 計 : ① 感 ② 算 ③ 功 ④ 根
[60] 急 : ① 在 ② 住 ③ 速 ④ 讀

[問 61-62] 다음 중 소리(音)는 같으나 뜻(訓)이 다른 漢字를 찾아 그 번호를 쓰세요.

[61] 郡 : ① 邑 ② 近 ③ 李 ④ 軍
[62] 班 : ① 禮 ② 反 ③ 世 ④ 時

[問 63-65] 다음 성어의 ( ) 안에 알맞은 漢字를 〈보기〉에서 찾아 그 번호를 쓰세요.

> 보기
> ① 生 ② 注 ③ 門 ④ 本
> ⑤ 中 ⑥ 主 ⑦ 界 ⑧ 心

[63] 九死一( ) : 아홉 번 죽을 뻔하다 한번 살아남.

[64] 十( )八九 : 열이면 여덟이나 아홉은 그러함.

165

[65] 作( )三日 : 단단히 먹은 마음이 삼일을 가지 못함.

[問 66-67] 다음 뜻에 맞는 한자어를 〈보기〉에서 찾아 그 번호를 쓰세요.

보기

① 庭園　② 新藥　③ 陽地
④ 音樂　⑤ 衣服　⑥ 靑天

[66] 새로 발명한 약

[67] 집안에 있는 뜰

[問 68-87] 다음 밑줄 친 漢字語를 漢字로 쓰세요.

보기　　한자 → 漢字

[68] 여러분의 대학 입학을 진심으로 축하합니다.

[69] 고속도로는 오후 7시 전후에 정체가 가장 심합니다.

[70] 그는 문학 방면에 재능이 있습니다.

[71] 알록달록한 색지 공예품에 자꾸 눈이 갑니다.

[72] 인도에 주차한 차량 때문에 통행이 불편합니다.

[73] '한과'는 우리 조상이 만들어 먹던 과자입니다.

[74] 자연환경은 한번 파괴하면 원상회복이 어렵습니다.

[75] 식생활을 바꿔 활력을 되찾았습니다.

[76] 실내에서 식물을 기르기는 쉽지 않습니다.

[77] 정직한 사람이 성공합니다.

[78] 이 시점에 그가 등장하리라고는 생각하지 못했습니다.

[79] 우리나라는 단풍이 아름답기로 유명합니다.

[80] 백성을 잘 섬기는 정치가 필요합니다.

[81] 내 친구는 얼굴도 예쁘고 공부도 잘합니다.

[82] 고향 집에 가려면 시외버스를 여러 번 갈아타야 합니다.

[83] 국립 도서관 앞에서 하차하세요.

[84] 매월 월급에서 20만 원씩 저금을 합니다.

[85] 그녀는 나와 같은 고등학교 동문입니다.

[86] 최근 맞벌이 가정이 늘면서 가사를 분담하는 젊은 부부들이 많습니다.

[87] 출판사에서 인세의 일부를 선금으로 내놓았습니다.

[問 88-90] 다음 漢字의 진하게 표시한 획은 몇 번째 쓰는지 〈보기〉에서 찾아 그 번호를 쓰세요.

보기

① 첫 번째　② 두 번째
③ 세 번째　④ 네 번째
⑤ 다섯 번째　⑥ 여섯 번째
⑦ 일곱 번째　⑧ 여덟 번째
⑨ 아홉 번째　⑩ 열 번째

[88] 定　[89] 成　[90] 歌

♣ 수고하셨습니다.

6級 I

90문항 / 50분 시험

*성명과 수험번호를 쓰고 문제지와 답안지는 함께 제출하세요.

성명 (   )   수험번호 ☐☐☐ - ☐☐ - ☐☐☐☐

[問 1-33] 다음 밑줄 친 漢字語의 讀音을 쓰세요.

보기	漢字 → 한자

[1] 지금의 느낌을 자유로운 形式으로 표현해 보세요.

[2] 이 그림은 1970년에 그려진 옛 地圖입니다.

[3] 과학 시간에 공부해 온 내용을 發表했습니다.

[4] 의사는 病者의 불편함에 귀 기울여야 합니다.

[5] 분위기가 산만해서 集中되지 않습니다.

[6] 현실에 安住하는 것이 능사가 아닙니다.

[7] 失手는 고치면 좋은 경험이 될 수 있습니다.

[8] 幸運을 바라지 말고 자기 실력을 길러야 합니다.

[9] 내 생각을 효과적으로 전달하려면 어떤 文章이 좋을지 생각해 봅시다.

[10] 할머니는 孫女를 안고 자장가를 불러주셨습니다.

[11] 사건이 意外의 방향으로 흘러가고 있습니다.

[12] 날씨를 고려하여 登山계획을 세워야 합니다.

[13] 現在로서는 결과를 예측할 수 없습니다.

[14] 김치는 한국의 고유 飮食입니다.

[15] 이제부터 始作이라는 각오로 노력해야 합니다.

[16] 이번 계획은 根本적으로 문제가 많았습니다.

[17] 이 집은 南向이라 겨울에 따뜻합니다.

[18] 빨리 放學이 되면 좋겠습니다.

[19] 의자 뒷면에 좌석 番號가 붙여있습니다.

[20] 개화기에 西洋문물이 들어오기 시작했습니다.

[21] 여기에 본인의 연락처와 姓名을 기입해 주시기 바랍니다.

[22] 밤마다 옆집 강아지가 짖어대는 理由를 모르겠습니다.

[23] 讀書는 마음의 양식입니다.

[24] 악기를 연주할 때는 强弱을 잘 조절해야 합니다.

[25] 책 끝에 後記를 붙였습니다.

[26] 오늘은 各界의 유명 인사들이 다 모였습니다.

[27] 아름다운 풍경을 油畫로 그렸습니다.

[28] 사람들이 다니는 通路에 자전거를 세우면 안 됩니다.

[29] 그는 자기 잘못을 反省하고 있습니다.

[30] 친절을 베풀어주신 答禮로 작은 선물을 준비했습니다.

[31] 박물관에서 전통 <u>美術</u>을 감상하였습니다.

[32] 축구 경기 결승전이 <u>目前</u>에 다가왔습니다.

[33] <u>急行</u> 열차를 타고 부산으로 내려갔습니다.

[問 34-55] 다음 漢字의 訓(훈:뜻)과 音(음:소리)을 쓰세요.

> | 보기 | 字 → 글자 자 |
> | --- | --- |

[34] 級

[35] 愛

[36] 室

[37] 開

[38] 神

[39] 園

[40] 注

[41] 醫

[42] 席

[43] 年

[44] 別

[45] 度

[46] 區

[47] 算

[48] 太

[49] 直

[50] 勝

[51] 李

[52] 體

[53] 永

[54] 世

[55] 族

[問 56-58] 다음 漢字와 뜻이 반대(또는 상대)되는 漢字를 골라 그 번호를 쓰세요.

[56] 晝 : ① 洞 ② 時 ③ 夜 ④ 黃

[57] 身 : ① 角 ② 衣 ③ 申 ④ 心

[58] 分 : ① 勇 ② 信 ③ 公 ④ 合

[問 59-60] 다음 漢字와 뜻이 같거나 비슷한 漢字를 골라 그 번호를 쓰세요.

[59] 敎 : ① 命 ② 漢 ③ 訓 ④ 交

[60] 衣 : ① 服 ② 寸 ③ 主 ④ 社

[問 61-62] 다음 중 소리(音)는 같으나 뜻(訓)이 다른 漢字를 찾아 그 번호를 쓰세요.

[61] 使 : ① 陽 ② 植 ③ 死 ④ 軍

[62] 待 : ① 向 ② 特 ③ 來 ④ 代

[問 63-65] 다음 성어의 ( ) 안에 알맞은 漢字를 〈보기〉에서 찾아 그 번호를 쓰세요.

> | 보기 | | | |
> | --- | --- | --- | --- |
> | ① 夕 | ② 短 | ③ 命 | ④ 先 |
> | ⑤ 戰 | ⑥ 足 | ⑦ 有 | ⑧ 早 |

[63] 父子( )親 : 아버지와 아들 사이의 도리는 친애가 있음.

[64] 花朝月( ) : 꽃 피는 아침과 달 밝은 밤.

[65] 一長一( ) : 좋은 점도 있고, 부족한 점도 있음.

[問 66-67] 다음 뜻에 맞는 한자어를 〈보기〉에서 찾아 그 번호를 쓰세요.

보기
① 天才   ② 特定   ③ 對立
④ 消滅   ⑤ 等級   ⑥ 消化

[66] 선천적으로 매우 뛰어난 재주

[67] 서로 대하여 섬

[問 68-87] 다음 밑줄 친 漢字語를 漢字로 쓰세요.

보기   한자 → 漢字

[68] 사회약자인 노인에 대한 우리들의 공경과 배려가 필요합니다.

[69] 봄이 시작되는 시기를 입춘이라고 합니다.

[70] 내일 소풍 갈 생각에 잠이 오질 않습니다.

[71] 농사짓는 사람은 부지런해야 합니다.

[72] 계획을 세우면 알차게 생활할 수 있습니다.

[73] 부정행위가 적발되어 시험에서 실격되었습니다.

[74] 적군이 백기를 들고 항복하였습니다.

[75] 전 아직도 초등학교 교가를 다 기억합니다.

[76] 오랜만에 고향의 읍내에 들렀습니다.

[77] 크리스마스에는 오색찬란한 조명들이 거리를 밝힙니다.

[78] 사방으로 길이 뚫렸습니다.

[79] 세종대왕은 만민의 존경을 받는 왕입니다.

[80] 그들은 누구보다도 사이좋게 지내는 형제입니다.

[81] 화목한 가정의 소중함을 잊어서는 안 됩니다.

[82] 시장에 가서 옷과 음식을 샀습니다.

[83] 옛 어른들은 효도를 덕목의 으뜸으로 여겼습니다.

[84] 병실에 가족 외의 사람은 출입을 제한합니다.

[85] 스승의 날을 맞아 오랜만에 선생님께 전화로 인사를 드렸습니다.

[86] 준호는 수업 시간 내내 계속 졸았습니다.

[87] 벽난로의 화기가 거실을 따뜻하게 해줍니다.

[問 88-90] 다음 漢字의 진하게 표시한 획은 몇 번째 쓰는지 〈보기〉에서 찾아 그 번호를 쓰세요.

보기
① 첫 번째   ② 두 번째
③ 세 번째   ④ 네 번째
⑤ 다섯 번째   ⑥ 여섯 번째
⑦ 일곱 번째   ⑧ 여덟 번째
⑨ 아홉 번째   ⑩ 열 번째

[88] 畫   [89] 事   [90] 海

♣ 수고하셨습니다.

80문항 / 60분 시험

한자교육진흥회 [6급] 모의고사 제1회 문제지

객관식 (1~30번)

※ [ ] 안의 한자의 음(소리)으로 알맞은 것은?

1. [出]　①산　②서　③북　④출
2. [弟]　①만　②제　③사　④형
3. [靑]　①청　②적　③생　④출
4. [王]　①왕　②삼　③강　④주
5. [火]　①화　②일　③우　④인

※ [ ] 안의 한자와 음이 같은 한자는?

6. [同]　①向　②出　③五　④東
7. [門]　①夫　②文　③石　④心
8. [南]　①外　②正　③男　④方

※ [ ] 안의 한자와 뜻이 반대되거나 상대되는 한자는?

9. [母]　①兄　②夫　③父　④四
10. [內]　①西　②外　③夕　④名

※ 〈보기〉의 단어들과 가장 관련이 깊은 한자는?

11. | 보기 | 반지　팔찌　왕관 |

　①兄　②立　③金　④夕

12. | 보기 | 헤엄　물놀이　송사리 |

　①南　②文　③火　④川

13. | 보기 | 바다　하늘　나무 |

　①大　②靑　③千　④自

※ [ ] 안의 설명에 맞는 한자어를 완성할 때, ○에 들어갈 한자는?

14. 木○ : [나무를 잘 다루어서 물건을 다루는 일]

　①江　②金　③工　④名

15. 名○ : [겉으로 내세우는 이름, 구실이나 이유]

　①木　②目　③上　④火

※ [ ] 안의 한자어의 독음(소리)으로 알맞은 것은?

16. 50미터 높이의 폭포가 [垂直]으로 낙하하였다.

　①직진　②수평　③수직　④직선

17. 사건 현장 [周邊]에 많은 사람이 몰려 있었다.

　①주소　②주의　③주위　④주변

18. [式]을 세우면 응용문제를 풀기가 쉽다.

　①식　②합　③변　④반

19. 존댓말의 발달은 우리말의 두드러진 [特徵]이다.

　①특성　②특징　③성질　④상징

20. 짙은 안개 때문에 비행기는 [着陸]에 실패하였다.

　①착지　②착륙　③이륙　④상륙

※ [ ] 안의 한자어의 뜻으로 알맞은 것은?

21. [役割]
　① 수를 헤아림.
　② 특별한 일이 없는 보통 때.
　③ 고마움을 나타내는 인사.
　④ 자기가 마땅히 하여야 할 맡은 바 직책이나 임무.

22. [恭遜]
　① 손자의 아들 또는 아들의 손자.
　② 여러 사이에 두루 통하고 관계됨.
　③ 공고의 목적으로 씀.
　④ 말이나 행동이 겸손하고 예의 바름.

23. [表]

① 사물의 겉으로 드러난 쪽의 평평한 바닥.

② 한 점에서 갈리어 나간 두 직선의 벌어진 정도.

③ 어떤 내용을 일정한 형식과 순서에 따라 보기 쉽게 나타낸 것.

④ 일정한 전례, 표준 또는 규정.

24. [區間]

① 어떤 지점과 다른 지점의 사이.

② 어떤 시각에서 다른 시각까지의 사이.

③ 아무것도 없는 빈 곳.

④ 일정한 기준에 따라 전체를 몇 개로 갈라 나눔.

25. [問題]

① 실제로 하는 것처럼 하면서 익힘.

② 해답을 요구하는 물음.

③ 물음과 대답, 또는 서로 묻고 대답함.

④ 사회가 발전하지 않고 문화 수준이 낮은 상태.

※ [ ] 안에 들어갈 한자어로 알맞은 것은?

26. 그는 이번에는 꼭 마음먹은 바를 [ ]에 옮기겠다고 다짐했다.

① 實踐　② 加熱　③ 苦悶　④ 共通

27. 측우기는 비가 내린 양을 재는 [ ]이다.

① 器具　② 理解　③ 反省　④ 發明

28. 감기에 걸리면 푹 쉬는 것이 [ ]이다.

① 分數　② 最善　③ 表現　④ 標語

29. 맛을 내기 위해 [ ]조미료를 지나치게 많이 쓰는 것은 좋지 않다.

① 對話　② 化學　③ 孝道　④ 配列

30. 도서 [ ]표를 참조하여 책을 찾으면 편리하다.

① 賞品　② 分類　③ 溫度　④ 圖形

주관식 (31~80번)

※ 한자의 훈(뜻)과 음(소리)을 한글로 쓰세요.

31. 千 （　　　　　）

32. 北 （　　　　　）

33. 八 （　　　　　）

34. 九 （　　　　　）

35. 四 （　　　　　）

36. 手 （　　　　　）

37. 上 （　　　　　）

38. 方 （　　　　　）

39. 土 （　　　　　）

40. 五 （　　　　　）

※ [ ] 안의 뜻을 가진 한자를 〈보기〉에서 찾아 쓰시오.

보기	兄 向 正 二 六 足 自 西 小 石

41. 그는 양심이 [바른]사람이라서 거짓말을 할 줄 모른다. （　　　　　）

42. [두] 사람의 실력이 서로 비등해서 결판이 나지 않았다. （　　　　　）

43. 어머니는 내 손을 잡고 집으로 [향]했다. （　　　　　）

44. [스스로] 할 수 있는 일을 남에게 미뤄서는 안 된다. （　　　　　）

45. 오랫동안 등산하니 [발]과 다리가 쑤시고 아프다. （　　　　　）

46. [서녘]을 바라보니 어느덧 해가 서산마루에 걸려있었다. （　　　　　）

47. 이번 달에는 [여섯] 권의 책을 읽을 계획이다. （　　　　　）

계속 ->

48. 우리는 숲속에서 [작은] 빈터를 발견했다.
( )

49. [돌]담 사이로 민들레가 피었다.
( )

50. 할아버지는 논 몇 마지기를 떼어 [형]에게 주었다. ( )

※ 훈(뜻)과 음(소리)에 맞는 한자를 〈보기〉에서 찾아 쓰시오.

보기	木 三 水 年 天 文 百 十 一 入

51. 석 삼 ( )
52. 해 년 ( )
53. 일백 백 ( )
54. 열 십 ( )
55. 나무 목 ( )
56. 물 수 ( )
57. 글월 문 ( )
58. 들 입 ( )
59. 한 일 ( )
60. 하늘 천 ( )

※ 한자어의 독음(소리)을 한글로 쓰시오.

61. 自立 ( )
62. 白金 ( )
63. 東山 ( )
64. 江南 ( )
65. 少女 ( )
66. 五寸 ( )
67. 中心 ( )
68. 同門 ( )
69. 七夕 ( )
70. 月下 ( )

※ 〈보기〉의 뜻을 참고하여 ○ 안에 공통으로 들어갈 한자를 쓰시오.

71. (1) 火○ (2) 自○ ( )

보기	(1) 불이 탈 때 내는 불의 힘. (2) 자기 혼자의 힘.

72. (1) 弟○ (2) 王○ ( )

보기	(1) 스승으로부터 가르침을 받는 사람. (2) 임금의 아들.

73. (1) 出○ (2) 入○ ( )

보기	(1) 밖으로 나갈 수 있는 통로. (2) 들어가는 통로.

※ [ ] 안의 단어를 한자로 쓰시오.

74. 오늘 언니의 [생일]을 축하해 주었다.
( )

75. 인생의 [주인]이 되기 위해서는 많은 경험을 쌓아야 한다. ( )

※ [ ] 안의 한자어 독음(소리)을 한글로 쓰시오.

76. 아버지는 가족 간의 [和睦]이 가장 중요하다고 말씀하셨다. ( )

77. 최근 나는 밥 먹을 [時間]도 없이 바쁘다.
( )

78. 나의 꿈은 세계를 [一周]하는 것이다.
( )

79. 우리는 졸업식의 [順序]를 익힐 수 있도록 계속해서 연습했다. ( )

80. 집에서 학교까지는 걸어서 10분 [距離]이다. ( )

♣ 수고하셨습니다.

80문항 / 60분 시험

한자교육진흥회 [6급] 모의고사 제2회 문제지

객관식 (1~30번)

※ [ ] 안의 한자의 음(소리)으로 알맞은 것은?

1. [千]　① 십　② 간　③ 천　④ 상
2. [母]　① 자　② 모　③ 부　④ 녀
3. [工]　① 오　② 공　③ 지　④ 하
4. [王]　① 옥　② 군　③ 삼　④ 왕
5. [少]　① 대　② 중　③ 시　④ 소

※ [ ] 안의 한자와 음이 같은 한자는?

6. [子]　① 內　② 自　③ 立　④ 土
7. [木]　① 目　② 王　③ 少　④ 天
8. [父]　① 十　② 八　③ 夫　④ 火

※ [ ] 안의 한자와 뜻이 반대되거나 상대되는 한자는?

9. [左]　① 手　② 右　③ 夫　④ 水
10. [女]　① 男　② 門　③ 工　④ 手

※ 〈보기〉의 단어들과 가장 관련이 깊은 한자는?

11. | 보기 | 걷다　축구　운동화 |

　① 水　② 足　③ 四　④ 立

12. | 보기 | 가족　남동생　제자 |

　① 上　② 二　③ 父　④ 弟

13. | 보기 | 대화　음식　입술 |

　① 口　② 內　③ 目　④ 力

※ [ ] 안의 설명에 맞는 한자어를 완성할 때, ○에 들어갈 한자는?

14. ○日 : [세상에 태어난 날]
　① 夫　② 生　③ 白　④ 土

15. 自○ : [자기 일을 스스로 처리함]
　① 月　② 大　③ 六　④ 主

※ [ ] 안의 한자어의 독음(소리)으로 알맞은 것은?

16. 부모님께서 꾸중하신 [理由]을/를 나중에야 알게 되었다.
　① 사연　② 이해　③ 이유　④ 원인

17. 그는 우편물들을 종별로 [分類]하는 일을 하고 있다.
　① 분리　② 분류　③ 구분　④ 구별

18. 경찰이 도로의 일부 [區間]을 통제했다.
　① 구역　② 구간　③ 지역　④ 기간

19. 리듬을 살려 [朗誦]해 봅시다.
　① 낭송　② 암송　③ 음송　④ 칭송

20. 물의 [溫度]에 따라 물고기의 호흡수가 변한다.
　① 온도　② 습도　③ 수심　④ 압력

※ [ ] 안의 한자어의 뜻으로 알맞은 것은?

21. [儉素]
　① 사치하지 않고 꾸밈없이 수수함.
　② 특별한 일이 없는 보통 때.
　③ 시간이나 재물 따위를 헛되이 헤프게 씀.
　④ 본디부터 가지고 있는 성질.

22. [方法]
　① 범죄와 형벌에 관한 법률 체계.
　② 예의로써 지켜야 할 규범.
　③ 목적을 이루기 위해 취하는 수단이나 방식.
　④ 개인의 권리와 관련된 법규.

23. [活用]
　　① 기운차게 뛰어다님.
　　② 충분히 잘 이용함.
　　③ 함께 씀.
　　④ 남과 공동으로 쓰지 아니하고 혼자서만 씀.

24. [圖形]
　　① 일정한 곳의 지형이나 길 따위의 형편.
　　② 땅속으로 만든 길.
　　③ 그림의 모양이나 형태.
　　④ 사람이나 동물 모양으로 만든 장난감.

25. [友愛]
　　① 서로 우호적인 관계를 맺고 있는 나라.
　　② 나음과 못함.
　　③ 형제 간 또는 친구 간의 사랑이나 정분.
　　④ 경기, 경주 따위에서 이겨 첫째를 차지함.

※ [　] 안에 들어갈 한자어로 알맞은 것은?

26. 우리는 [　　]를 통해 의견을 하나로 모을 수 있었다.
　　① 器具　　② 對話　　③ 順序　　④ 溫度

27. 그는 자신의 생각을 글로 [　　]했다.
　　① 表現　　② 發明　　③ 差異　　④ 計算

28. 여러 가지 물질을 [　　]하면서 그 변화를 살펴봅시다.
　　① 反省　　② 平素　　③ 時間　　④ 加熱

29. 비행기가 비상활주로에 안전하게 [　　]하였다.
　　① 和睦　　② 着陸　　③ 實驗　　④ 化學

30. 우리 불조심을 주제로 한 [　　]를 써봅시다.
　　① 理解　　② 周邊　　③ 標語　　④ 最善

주관식 (31〜80번)

※ 한자의 훈(뜻)과 음(소리)을 한글로 쓰세요.

31. 立　（　　　　　　　　　）

32. 外　（　　　　　　　　　）

33. 二　（　　　　　　　　　）

34. 兄　（　　　　　　　　　）

35. 東　（　　　　　　　　　）

36. 內　（　　　　　　　　　）

37. 女　（　　　　　　　　　）

38. 北　（　　　　　　　　　）

39. 入　（　　　　　　　　　）

40. 五　（　　　　　　　　　）

※ [　] 안의 뜻을 가진 한자를 〈보기〉에서 찾아 쓰시오.

보기	上 文 十 百 同 一 日 少 川 金

41. 지금의 은혜는 [백] 배 천 배로 갚겠다.
　　（　　　　　　　　　）

42. 나는 그와 [같은] 동네에 산다.
　　（　　　　　　　　　）

43. 술래는 친구들이 모두 숨을 때까지 [열]을 세었다.　（　　　　　　　　　）

44. 오늘은 [해]가 너무 뜨거워서 하루 종일 실내에 있었다.　（　　　　　　　　　）

45. 여행 다녀온 느낌을 [글]로 적어보았다.
　　（　　　　　　　　　）

46. 나는 배낭 [하나] 달랑 메고 여행을 떠날 계획이다.　（　　　　　　　　　）

47. 그는 [어려서]부터 글짓기를 좋아했다.
　　（　　　　　　　　　）

48. 우리 고향 집은 버스에서 내린 다음에도 고개를 넘고 [내]를 두 개나 건너야 나온다.
　　（　　　　　　　　　）

계속 ->

49. 우리나라에서 가장 많은 성씨는 [김]씨이다.
   (   )

50. 그녀는 언덕 [위]에 올라 마을을 내려다 보았다.
   (   )

※ 훈(뜻)과 음(소리)에 맞는 한자를 〈보기〉에서 찾아 쓰시오.

보기	水 九 青 小 江 八 火 六 夫 大

51. 물 수   (   )
52. 불 화   (   )
53. 여덟 팔   (   )
54. 지아비 부   (   )
55. 강 강   (   )
56. 푸를 청   (   )
57. 작을 소   (   )
58. 여섯 륙   (   )
59. 큰 대   (   )
60. 아홉 구   (   )

※ 한자어의 독음(소리)을 한글로 쓰시오.

61. 正月   (   )
62. 四方   (   )
63. 中天   (   )
64. 七夕   (   )
65. 名手   (   )
66. 三寸   (   )
67. 門下   (   )
68. 白土   (   )
69. 主力   (   )
70. 南向   (   )

※ 〈보기〉의 뜻을 참고하여 ○ 안에 공통으로 들어갈 한자를 쓰시오.

71. (1) ○工   (2) 水○   (   )

보기	(1) 돌을 다루어 물건을 만드는 사람. (2) 주로 실내에서 보고 즐기는 관상용의 자연석.

72. (1) ○金   (2) 月○   (   )

보기	(1) 돈을 내어 쓰거나 내어줌. (2) 달이 지평선 위로 떠오름.

73. (1) ○中   (2) ○下   (   )

보기	(1) 한 해 동안. (2) 나이가 적음. 또는 그런 사람.

※ [   ] 안의 단어를 한자로 쓰시오.

74. 시골에 가면 훈훈한 [인심]을 느낄 수 있다.
   (   )

75. 이미 [서산]에는 해가 지고 있었다.
   (   )

※ [   ] 안의 한자어 독음(소리)을 한글로 쓰시오.

76. 책상 위에 낯선 [物體]가 놓여있었다.
   (   )

77. 달리기에서 1등을 한 학생에게 학용품을 [賞品]으로 주었다.   (   )

78. 벌써 우리 목적지의 [半]을 왔다.
   (   )

79. 음주운전은 전 세계 [共通]된 골칫거리이다.
   (   )

80. 운전할 때는 [安全]띠를 착용해야 한다.
   (   )

♣ 수고하셨습니다.

80문항 / 60분 시험

한자교육진흥회 [6급] 모의고사 제3회 문제지

객관식 (1~30번)

※ [   ] 안의 한자의 음(소리)으로 알맞은 것은?

1. [西]   ① 서   ② 남   ③ 북   ④ 사
2. [兄]   ① 제   ② 만   ③ 사   ④ 형
3. [左]   ① 좌   ② 우   ③ 재   ④ 출
4. [父]   ① 남   ② 부   ③ 모   ④ 조
5. [四]   ① 수   ② 서   ③ 사   ④ 우

※ [   ] 안의 한자와 음이 같은 한자는?

6. [少]   ① 八   ② 小   ③ 千   ④ 月
7. [川]   ① 天   ② 靑   ③ 日   ④ 心
8. [水]   ① 山   ② 江   ③ 男   ④ 手

※ [   ] 안의 한자와 뜻이 반대되거나 상대되는 한자는?

9. [北]   ① 十   ② 南   ③ 西   ④ 千
10. [上]   ① 兄   ② 水   ③ 下   ④ 口

※ 〈보기〉의 단어들과 가장 관련이 깊은 한자는?

11. | 보기 | 손가락   삼촌   대나무 |
    ① 靑   ② 寸   ③ 心   ④ 手

12. | 보기 | 돌멩이   자갈   바위 |
    ① 五   ② 西   ③ 石   ④ 四

13. | 보기 | 열매   뿌리   가지 |
    ① 心   ② 木   ③ 十   ④ 目

※ [   ] 안의 설명에 맞는 한자어를 완성할 때, ○ 에 들어갈 한자는?

14. 外○ : [밖으로 나감]
    ① 三   ② 出   ③ 東   ④ 月

15. 名○ : [뛰어나게 잘 지은 글]
    ① 文   ② 足   ③ 千   ④ 工

※ [   ] 안의 한자어의 독음(소리)으로 알맞은 것은?

16. 청소년의 [苦悶]을 해소하기 위한 상담소가 마련되었다.
    ① 고민   ② 걱정   ③ 방문   ④ 근심

17. 선생님께서는 부지런하고 [儉素]한 생활을 강조하신다.
    ① 성실   ② 검소   ③ 행복   ④ 근면

18. 두 그림 사이의 [共通]점을 찾아봅시다.
    ① 공간   ② 공용   ③ 공감   ④ 공통

19. 오늘 시험 [結果]을/를 발표합니다.
    ① 문제   ② 결과   ③ 정답   ④ 시간

20. 삼각형은 [邊]의 길이가 모두 같다.
    ① 식   ② 점   ③ 변   ④ 각

※ [   ] 안의 한자어의 뜻으로 알맞은 것은?

21. [分離]
    ① 어떤 부품을 하나의 구조물로 짜 맞춤.
    ② 어떤 물질에 열을 가함.
    ③ 일과 물건을 아울러 이르는 말.
    ④ 서로 나누어떨어짐, 또는 그렇게 함.

22. [安全]
    ① 위험하거나 사고가 날 염려가 없음.
    ② 서로 같지 아니하고 다름.
    ③ 사람이나 현상을 자세히 살펴봄.
    ④ 살림살이가 넉넉하지 못하고 어려움.

23. [合]
    ① 해답을 요구하는 물음.
    ② 한 바퀴를 돎.
    ③ 여럿을 한데 모음, 또는 그 수.
    ④ 드러내어 나타냄.

177

한자교육진흥회 6급 모의고사 제3회

24. [評價]

　　① 특별히 싸게 매긴 값.
　　② 싸지도 않고 비싸지도 않은 보통의 값.
　　③ 사물의 가치나 수준 따위를 평함.
　　④ 특별한 일이 없는 보통 때.

25. [無關心]

　　① 분수에 넘치는 욕심.
　　② 겁이 많고 나약한 마음.
　　③ 경계하여 조심하는 마음.
　　④ 관심이나 흥미가 없음.

※ [ ] 안에 들어갈 한자어로 알맞은 것은?

26. 학교에서 학원까지 걸어서 10분 [ ]이다.

　　① 對話　② 距離　③ 理解　④ 恭遜

27. 그녀는 온몸을 곧게 뻗으며 [ ](으)로 입수하였다.

　　① 計算　② 順序　③ 垂直　④ 實驗

28. 연극 '백설공주와 일곱 난쟁이'에서 공주 [ ]을/를 맡았다.

　　① 役割　② 觀察　③ 賞品　④ 分數

29. 나는 친구와 시립도서관을 자주 [ ]한다.

　　① 種類　② 化學　③ 加熱　④ 利用

30. 나는 [ ]을/를 재기 위해서 시계를 탁자 위에 올려놓았다.

　　① 一周　② 時間　③ 差異　④ 孝道

주관식 (31~80번)

※ 한자의 훈(뜻)과 음(소리)을 한글로 쓰세요.

31. 三 (　　　　　　　)

32. 七 (　　　　　　　)

33. 足 (　　　　　　　)

34. 大 (　　　　　　　)

35. 工 (　　　　　　　)

36. 十 (　　　　　　　)

37. 白 (　　　　　　　)

38. 內 (　　　　　　　)

39. 六 (　　　　　　　)

40. 火 (　　　　　　　)

※ [ ] 안의 뜻을 가진 한자를 〈보기〉에서 찾아 쓰시오.

보기	王 外 九 土 小 四 寸 口 百 男

41. 차가운 [바깥] 공기와는 달리 집 안 공기는 따뜻했다. (　　　　　　　)

42. 교실에는 아직도 아이들이 [넷]이나 남아 공부하고 있다. (　　　　　　　)

43. 그는 종일 몇 [마디] 하지도 않고 묵묵히 일만 하였다. (　　　　　　　)

44. 조선의 넷째 [임금]은 세종이다. (　　　　　　　)

45. 땅을 파고 [흙]을 일군 다음 씨를 뿌렸다. (　　　　　　　)

46. 동생은 [입]에 음식을 잔뜩 묻히며 먹는다. (　　　　　　　)

47. 책을 [백]번 읽으면 뜻을 저절로 알게 된다. (　　　　　　　)

48. 이어서 [아홉] 시 뉴스가 방송됩니다. (　　　　　　　)

49. 냇가에는 크고 [작은] 돌들이 널려 있다. (　　　　　　　)

50. 출입문이 열리고 한 [사내]가 들어왔다. (　　　　　　　)

178　쑥쑥 급수한자 6급 ⑩

※ 훈(뜻)과 음(소리)에 맞는 한자를 〈보기〉에서 찾아 쓰시오.

보기	目 立 月 正 一 五 天 二 母 夕

51. 눈 목　　（　　　　　　　）
52. 두 이　　（　　　　　　　）
53. 어미 모　（　　　　　　　）
54. 한 일　　（　　　　　　　）
55. 하늘 천　（　　　　　　　）
56. 설 립　　（　　　　　　　）
57. 달 월　　（　　　　　　　）
58. 다섯 오　（　　　　　　　）
59. 저녁 석　（　　　　　　　）
60. 바를 정　（　　　　　　　）

※ 한자어의 독음(소리)을 한글로 쓰시오.

61. 工夫　（　　　　　　　）
62. 靑年　（　　　　　　　）
63. 子弟　（　　　　　　　）
64. 女王　（　　　　　　　）
65. 八千　（　　　　　　　）
66. 江山　（　　　　　　　）
67. 日出　（　　　　　　　）
68. 自力　（　　　　　　　）
69. 名門　（　　　　　　　）
70. 心中　（　　　　　　　）

※ 〈보기〉의 뜻을 참고하여 ○ 안에 공통으로 들어갈 한자를 쓰시오.

71. (1) ○日　(2) ○水　（　　　　）

보기	(1) 태어난 날을 기념하는 해마다의 그날. (2) 샘구멍에서 솟아 나오는 맑은 물.

72. (1) ○門　(2) ○西　（　　　　）

보기	(1) 동쪽으로 난 문. (2) 동쪽과 서쪽을 아울러 이르는 말.

73. (1) ○人　(2) ○力　（　　　　）

보기	(1) 대상이나 물건 따위를 소유한 사람. (2) 중심이 되는 힘, 또는 그런 세력.

※ [ ] 안의 단어를 한자로 쓰시오.

74. 길을 잘못 들어 [방향]을 잃고 한참 헤맸다.　（　　　　）
75. 몇 번을 계산해도 [동일]한 계산이 나왔다.　（　　　　）

※ [ ] 안의 한자어 독음(소리)을 한글로 쓰시오.

76. 나는 일 년 중 [半]을 해외에서 지냈다.　（　　　　）
77. 나는 [最善]을 다해 달렸다.　（　　　　）
78. 그는 치밀한 [計算] 아래 계획을 세웠다.　（　　　　）
79. 오늘은 수학 시간에 여러 가지 [圖形]에 대해 배웠다.　（　　　　）
80. 포유동물의 [特徵]을 조사하여 발표하였다.　（　　　　）

♣ 수고하셨습니다.

※답안지는 컴퓨터로 처리되므로 구기거나 더럽히지 마시고, 정답 칸 안에만 쓰십시오. ※ 유성 싸인펜, 붉은색 필기구 사용 불가.
　글씨가 채점란으로 들어오면 오답처리가 됩니다.

한국어문회 6급 I 모의고사 제1회 답안지 (1)

번호	정답	번호	정답	번호	정답
1		15		29	
2		16		30	
3		17		31	
4		18		32	
5		19		33	
6		20		34	
7		21		35	
8		22		36	
9		23		37	
10		24		38	
11		25		39	
12		26		40	
13		27		41	
14		28		42	

※ 본 답안지는 컴퓨터로 처리되므로 구겨지거나 더럽혀지지 않도록 조심하시고 글씨를 칸 안에 또박또박 쓰십시오.

한국어문회 6급 I 모의고사 제1회 답안지 (2)

번호	정답	번호	정답	번호	정답
43		59		75	
44		60		76	
45		61		77	
46		62		78	
47		63		79	
48		64		80	
49		65		81	
50		66		82	
51		67		83	
52		68		84	
53		69		85	
54		70		86	
55		71		87	
56		72		88	
57		73		89	
58		74		90	

※답안지는 컴퓨터로 처리되므로 구기거나 더럽히지 마시고, 정답 칸 안에만 쓰십시오.　　　※ 유성 싸인펜, 붉은색 필기구 사용 불가.
　글씨가 채점란으로 들어오면 오답처리가 됩니다.

한국어문회 6급 I 모의고사 제2회 답안지 (1)

번호	정답	번호	정답	번호	정답
1		15		29	
2		16		30	
3		17		31	
4		18		32	
5		19		33	
6		20		34	
7		21		35	
8		22		36	
9		23		37	
10		24		38	
11		25		39	
12		26		40	
13		27		41	
14		28		42	

※ 본 답안지는 컴퓨터로 처리되므로 구겨지거나 더럽혀지지 않도록 조심하시고 글씨를 칸 안에 또박또박 쓰십시오.

한국어문회 6급 I 모의고사 제2회 답안지 (2)

번호	정답	번호	정답	번호	정답
43		59		75	
44		60		76	
45		61		77	
46		62		78	
47		63		79	
48		64		80	
49		65		81	
50		66		82	
51		67		83	
52		68		84	
53		69		85	
54		70		86	
55		71		87	
56		72		88	
57		73		89	
58		74		90	

※답안지는 컴퓨터로 처리되므로 구기거나 더럽히지 마시고, 정답 칸 안에만 쓰십시오.　　　　※ 유성 싸인펜, 붉은색 필기구 사용 불가.
　　글씨가 채점란으로 들어오면 오답처리가 됩니다.

한국어문회 6급 I 모의고사 제3회 답안지 (1)

번호	정답	번호	정답	번호	정답
1		15		29	
2		16		30	
3		17		31	
4		18		32	
5		19		33	
6		20		34	
7		21		35	
8		22		36	
9		23		37	
10		24		38	
11		25		39	
12		26		40	
13		27		41	
14		28		42	

※ 본 답안지는 컴퓨터로 처리되므로 구겨지거나 더럽혀지지 않도록 조심하시고 글씨를 칸 안에 또박또박 쓰십시오.

한국어문회 6급 I 모의고사 제3회 답안지 (2)

번호	정답	번호	정답	번호	정답
43		59		75	
44		60		76	
45		61		77	
46		62		78	
47		63		79	
48		64		80	
49		65		81	
50		66		82	
51		67		83	
52		68		84	
53		69		85	
54		70		86	
55		71		87	
56		72		88	
57		73		89	
58		74		90	

한자교육진흥회 [6급] 모의고사 제1회 답안지

■ 객관식 ■

1		6		11		16		21		26	
2		7		12		17		22		27	
3		8		13		18		23		28	
4		9		14		19		24		29	
5		10		15		20		25		30	

■ 주관식 ■

31		41		51		61		71	
32		42		52		62		72	
33		43		53		63		73	
34		44		54		64		74	
35		45		55		65		75	
36		46		56		66		76	
37		47		57		67		77	
38		48		58		68		78	
39		49		59		69		79	
40		50		60		70		80	

한자교육진흥회 [6급] 모의고사 제2회 답안지

■ 객관식 ■

1		6		11		16		21		26	
2		7		12		17		22		27	
3		8		13		18		23		28	
4		9		14		19		24		29	
5		10		15		20		25		30	

■ 주관식 ■

31		41		51		61		71	
32		42		52		62		72	
33		43		53		63		73	
34		44		54		64		74	
35		45		55		65		75	
36		46		56		66		76	
37		47		57		67		77	
38		48		58		68		78	
39		49		59		69		79	
40		50		60		70		80	

한자교육진흥회 [6급] 모의고사 제3회 답안지

■ 객관식 ■

1		6		11		16		21		26	
2		7		12		17		22		27	
3		8		13		18		23		28	
4		9		14		19		24		29	
5		10		15		20		25		30	

■ 주관식 ■

31		41		51		61		71	
32		42		52		62		72	
33		43		53		63		73	
34		44		54		64		74	
35		45		55		65		75	
36		46		56		66		76	
37		47		57		67		77	
38		48		58		68		78	
39		49		59		69		79	
40		50		60		70		80	

1단계	1단계	1단계	1단계
本	目	美	溫

1단계	1단계	1단계	1단계
速	交	在	失

2단계	2단계	2단계	2단계
開	米	區	死

2단계	2단계	2단계	2단계
石	綠	油	頭

따뜻할 온

아름다울 미

눈 목

근본 본

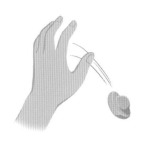

잃을 실

있을 재

사귈 교

빠를 속

죽을 사

구분할 구 /
지경 구

쌀 미

열 개

머리 두

기름 유

푸를 록

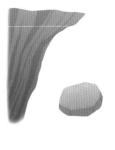

돌 석

3단계 使	3단계 合	3단계 待	3단계 式
3단계 勝	3단계 孫	3단계 感	3단계 言
4단계 強	4단계 席	4단계 苦	4단계 族
4단계 根	4단계 訓	4단계 親	4단계 向

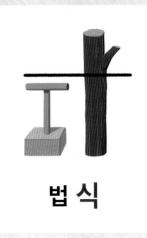

법 식

기다릴 대

합할 합

부릴 사

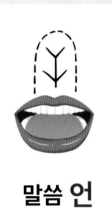

말씀 언

느낄 감

손자 손

이길 승

겨레 족

쓸 고

자리 석

강할 강

향할 향

친할 친

가르칠 훈

뿌리 근

5단계	5단계	5단계	5단계
銀	遠	郡	近
5단계	5단계	5단계	5단계
例	黃	洋	英
6단계	6단계	6단계	6단계
太	晝	衣	朝
6단계	6단계	6단계	6단계
號	陽	習	服

가까울 근

고을 군

멀 원

은 은

꽃부리 영

큰바다 양

누를 황

법식 례

아침 조

옷 의

그림 화

클 태

옷 복

익힐 습

볕 양

이름 호

7단계	7단계	7단계	7단계
章	禮	古	度
7단계	7단계	7단계	7단계
多	京	醫	愛
7단계	8단계	8단계	8단계
樹	晝	園	路
8단계	8단계	8단계	8단계
永	朴	通	夜

법도 도

옛 고

예도 례

글 장

사랑 애

의원 의

서울 경

많을 다

길 로

동산 원

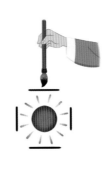

낮 주

나무 수

밤 야

통할 통

성씨 박

길 영

8단계 番	8단계 李	9단계 特	9단계 野
9단계 病	9단계 級	9단계 別	9단계 行
9단계 由	9단계 定	9단계 者	사자성어

1 光明正大 광명정대	2 九死一生 구사일생	3 男女老少 남녀노소	4 代代孫孫 대대손손

들 야

특별할 특

오얏 리

차례 번

다닐 행 /
항렬 항

다를 별 /
나눌 별

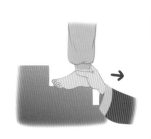

등급 급

병 병

사람 자

정할 정

말미암을 유

㉔ 人山人海
인산인해

㉓ 人命在天
인명재천

㉒ 十中八九
십중팔구

㉑ 生死苦樂
생사고락

⑤ 大明天地 대명천지

⑥ 同苦同樂 동고동락

⑦ 東問西答 동문서답

⑧ 東西古今 동서고금

⑨ 同姓同本 동성동본

⑩ 同時多發 동시다발

⑪ 名山大川 명산대천

⑫ 門前成市 문전성시

⑬ 白面書生 백면서생

⑭ 百發百中 백발백중

⑮ 別有天地 별유천지

⑯ 父子有親 부자유친

⑰ 不老長生 불로장생

⑱ 不遠千里 불원천리

⑲ 三三五五 삼삼오오

⑳ 三十六計 삼십육계

28 一長一短 일장일단	27 一日三秋 일일삼추	26 一日三省 일일삼성	25 人海戰術 인해전술
32 作心三日 작심삼일	31 自由自在 자유자재	30 子孫萬代 자손만대	29 一朝一夕 일조일석
36 靑天白日 청천백일	35 千萬多幸 천만다행	34 晝夜長川 주야장천	33 電光石火 전광석화
40 花朝月夕 화조월석	39 八方美人 팔방미인	38 草綠同色 초록동색	37 淸風明月 청풍명월

古	度	多	京	醫
옛 고	법도 도	많을 다	서울 경	의원 의
永	朴	通	夜	番
길 영	성씨 박	통할 통	밤 야	차례 번
別	行	由	定	者
다를 별 / 나눌 별	다닐 행 / 항렬 항	말미암을 유	정할 정	사람 자

愛	樹	晝	園	路
사랑 애	나무 수	낮 주	동산 원	길 로

李	特	野	病	級
오얏 리	특별할 특	들 야	병 병	등급 급

PLUS
guage Publishing Co.